ABRÉGÉ

D'ARITHMÉTIQUE

A L'USAGE

DES ÉCOLES DES FRÈRES DE L'ISNTRUCTION CHRÉTIENNE

PAR

G. M. F. B., ET Th. LE G. F. B.

Professeurs de Mathématiques.

SE TROUVE

A VANNES
Librairie de la Maison De Lamarzelle.

A SAINT-BRIEUC
Chez M. Huguet, libraire-relieur.

A RENNES
Chez MM. Hauvespre et Thébault, libr.

A LORIENT
Chez M. Charles, libraire.

1861

...t mérité la note **OPTIME**, à l'examen de la fin de l'année.

les DU BEAUDIEZ.
...is CHAUFFIER.
...uste DAGNEAU. *
...ert DE FRESLON.
...ri HARDUIN.
...is BOURGOING.
...xandre GAILLARD.
...rges MOTTET.
...n DE SESMAISONS.
...rre ARNAUD.
...olphe GUÉNO.
...ppolyte JOUANGUY. *
...enri DE MAQUILLÉ. *
...livier RIVAUD.
...ucien ROSSI.
...uy DE BECDELIÈVRE.
...lmire CATTOIS.
...ouis CAUDAL.
...enaud DE LA FRÉGEOLIÈRE.
...aurice LE BARBIER.
...aoul DE PRÉAUDEAU.
...rmand PRUD'HOMME.
...lphonse CHÉNOS. *
...René DESMÉ DE L'ISLE. *
...mbroise HULBRON.

Eugène CEILLIER. *
Julien DE L'ESTOILE. *
Jean GUYONVARCH. *
Fernand DE LANGLE DE CARY. *
Émile LE BRAZIDEC. *
Ernest PAGET. *
Henri DU REAU.
Armand GUILLO-LOHAN.
Sigismond ROPARTZ.
Yves COLLET.
Emmanuel DIEULANGARD. *
Pierre ÉVENO. *
Eugène DE LANSALUT.
Georges SAINT.
Henri SÉVÈNE. *
Charles BOYN. *
Edmond DEHERGNE. *
Charles FOHANNO.
Casimir DE LA FRUGLAYE.
Henri GAYET.
Gustave HOUEIX.
Yvon LALLEMAND.
Jacques LARBOULETTE.
Fernand MARIN. *
Charles DE LA NOÜE.
...... PICHODO. *

ABRÉGÉ

D'ARITHMÉTIQUE

A L'USAGE

DES ÉCOLES DES FRÈRES DE L'INSTRUCTION CHRÉTIENNE

PAR

G. M. F. B., ET Th. LE G. F. B.

Professeurs de Mathématiques.

SE TROUVE

A VANNES	**A SAINT-BRIEUC**
Librairie de la Maison De Lamarzelle.	Chez M. Huguet, libraire relieur.
A RENNES	**A LORIENT**
Chez MM. Hauvespre et Thébault, libr.	Chez M. Charles, libraire.

1861

Les Exemplaires exigés par la loi ont été déposés.
Tous ceux qui ne seraient pas revêtus de la signature
G. F. MORIN, F. B., ou de T. LE G. F. B., seront
réputés contrefaits.

G. F. Morin. F. B.

C.

AVERTISSEMENT.

—⇘⇘⇘—

Le présent Abrégé est destiné aux Elèves qui n'ont à consacrer à l'étude de l'Arithmétique qu'un temps fort court, à peine suffisant pour acquérir la connaissance pratique des calculs les plus usuels.

La Table fera suffisamment connaître les matières traitées dans ce volume, sans qu'il soit nécessaire d'entrer ici dans de longs détails : nous nous bornerons donc à en mentionner quelques-unes.

Le Chapitre III contient l'exposé du *Système métrique*. Pour en parler aux Elèves, il ne faut pas attendre qu'ils aient vu tout ce qui précède. Quand ils connaissent la Numération, et pendant qu'ils apprennent l'Addition, la Soustraction,... il faut les familiariser avec les diverses unités concrètes, en se bornant à l'usage de ces unités, sans entrer dans la théorie. On leur met en main *le mètre*, et on leur fait mesurer la longueur, la largeur, la hauteur d'un banc, d'une table, d'une salle,... On leur montre les unités de poids, et, au moyen de la balance, on pèse des objets; avec le litre, le décalitre,... on mesure la contenance de différents vases;......

Le Chapitre VII contient les *Règles de Trois* résolues exclusivement par la *Méthode de l'unité*. Ce procédé si simple, qui exige seulement la connaissance des quatres premières opérations, a généralement prévalu en Arithmétique, sur les Proportions, qu'on n'emploie plus guère que dans la Géométrie et dans les autres sciences qui en dépendent.

Le Chapitre VIII renferme des notions de *Métrage* et d'*Aréage*. Quoique nous ayons l'intention de revenir, dans un traité spécial, sur cette importante matière, nous n'avons pas cru devoir les passer ici sous silence, à cause des Elèves qui n'ont pas le temps de l'étudier ailleurs.

L'*Appendice* traite de la résolution de quelques Problèmes qui n'ont pu trouver place dans les Chapitres précédents. Il est important de familiariser de bonne heure les Elèves avec l'analyse des Problèmes; mais beaucoup de Maîtres hésitent à entreprendre ce te tâche, parce qu'ils la croient impossible. C'est une erreur : les enfants sont plus susceptibles qu'on ne le croit d'ordinaire d'être formés au raisonnement. Nous avons souvent obtenu d'Elèves de 11, 12 ans des résultats vraiment remarquables, auxquels nous étions loin de nous attendre, avant d'en avoir fait l'expérience. Il ne faut que de la persévérance et de la bonne volonté : avec ces éléments, on triomphe de bien des difficultés que l'on croyait insurmontables.

Puisse ce modeste traité venir en aide à nos Confrères dans la carrière si pénible, mais si méritoire, de l'enseignement! Veuille le Seigneur couronner de succès un travail entrepris pour sa gloire !

Nota. Les renvois *Arith. G. M. F. B.*, ou simplement *Arith. in-8°*, se rapportent à notre *Traité d'Arithmétique, contenant la théorie et les applications*; un volume in-8° d'environ 600 pages, destiné spécialement aux Maîtres.

ABRÉGÉ

D'ARITHMÉTIQUE

CHAPITRE 1. — NUMÉRATION. — OPÉRATIONS FON-
DAMENTALES SUR LES NOMBRES ENTIERS.

LEÇON I. — Définitions préliminaires.

1. On appelle *grandeur* ou *quantité*, tout ce qui est susceptible d'augmentation ou de diminution : *l'étendue, la durée, le poids,*...sont des quantités.

2. Il y a deux sortes de quantités. 1° Celles dont les parties, distinctes les unes des autres, sont égales ou inégales, et peuvent se *compter :* tels sont les feuillets d'un livre, les lignes d'une page, les mots d'une ligne, et ces parties sont des *unités.* 2° Celles qui, comme la hauteur d'un arbre, le poids d'un objet, la durée d'un travail, ne présentent aucune distinction de parties, et dont on ne peut se faire une idée nette qu'en les *mesurant.*

3. *Mesurer une quantité,* c'est chercher combien de fois elle contient une autre quantité connue de même espèce : cette seconde quantité, que l'on peut prendre comme on veut, se nomme encore *unité.* Ainsi, *l'unité* est, dans ce second cas, une quantité prise arbitrairement pour servir de terme de comparaison à d'autres quantités de même espèce. Quand on dit qu'*un mur a trente mètres de long*, on compare la longueur de ce mur à celle d'un mètre : l'unité est donc *un mètre*.

4. Le résultat de la comparaison d'une quantité quelconque à son unité est un nombre : ainsi, *le nombre* est ce qui exprime de combien d'unités ou de parties d'unité une quantité est composée. Dans : *ce mur a trente mètres de long*, le nombre est *trente*.

5. Il y a trois sortes de nombres : 1° le nombre *entier*, qui n'est composé que d'unités entières, comme dans TROIS *heures ;* 2° le nombre *fractionnaire*, qui est composé d'unités entières et d'un excédant moindre que l'unité, comme dans TROIS *heures* ET DEMIE ; 3° le nombre *fraction*, qui se compose d'une ou de plusieurs parties de l'unité, valant ensemble moins qu'une unité, comme dans TROIS QUARTS *d'heure*.

6. Un nombre quelconque est *concret*, lorsqu'en l'énonçant on exprime le nom de l'unité, comme dans *ce volume coûte* CINQ *francs ;* et on l'appelle *abstrait*, lorsque le nom de l'unité n'est pas exprimé, comme dans DEUX *et* TROIS *font* CINQ.

7. *L'arithmétique* est la science des nombres ; elle établit des règles certaines, pour effectuer sur les nombres toutes les opérations possibles.

8. Les diverses opérations qu'on fait sur les nombres, pour les augmenter, les diminuer, les combiner d'une manière quelconque les uns avec les autres, constituent ce que l'on appelle le *calcul arithmétique*.

LEÇON II. — **Numération des Nombres entiers.**

9. *La numération* est l'art 1° de former et d'énoncer les nombres ; 2° de les représenter : elle se divise donc en deux parties, la numération parlée et la numération écrite.

La numération parlée a pour objet de *former* les nombres, et de les *énoncer* au moyen d'une certaine quantité de mots.

La numération écrite a pour objet de *représenter* les nombres au moyen de caractères particuliers appelés *chiffres*.

Numération parlée.

10. Pour *former* les nombres, on part de l'unité qu'on regarde comme le premier nombre et qu'on appelle *un;* à cette unité, on en ajoute une autre, et l'on a une collection dont le nombre s'appelle *deux;* ajoutant un à deux, on a *trois;* ajoutant un à trois, on a *quatre.* On continue ainsi.

11. Les premiers nombres *un, deux, trois, quatre, cinq, six, sept, huit, neuf,* sont appelés *unités simples,* ou *unités du premier ordre.*

12. En ajoutant un à neuf, on forme un nouveau nombre appelé *dix;* et cette collection de dix unités simples est regardée comme formant une unité d'un ordre supérieur appelée *dizaine* ou *unité du second ordre.*

On compte par dizaines comme on a compté par unités simples ; toutefois, on a donné des noms particuliers aux neuf premières dizaines : *une dizaine* s'énonce *dix,* ainsi que nous venons de le dire ; ensuite,

deux dizaines   s'énoncent *vingt;*
trois dizaines .... *trente;*
quatre dizaines .... *quarante;*

cinq dizaines s'énoncent *cinquante ;*
six dizaines .... *soixante ;*
sept dizaines .... *soixante-dix*, ou *septante ;*
huit dizaines .... *quatre-vingts*, ou *octante ;*
neuf dizaines .... *quatre-vingt-dix*, ou *nonante.*

En plaçant tour à tour les noms des unités du premier ordre (11) à la suite des mots dix, vingt, trente, quarante, cinquante, soixante, soixante-dix, quatre-vingts et quatre-vingt-dix, on a formé les noms de tous les nombres, depuis dix jusqu'à *quatre-vingt-dix-neuf*, inclusivement.

Les six premiers nombres qui suivent dix, font exception ; on ne dit pas : dix-un, dix-deux, dix-trois, dix-quatre, dix-cinq, dix-six ; ces mots sont remplacés par *onze, douze, treize, quatorze, quinze, seize* ; on revient ensuite à la règle, et l'on dit : *dix-sept, dix-huit, dix-neuf*. — La même exception se reproduit à la suite de soixante-dix et de quatre-vingt-dix ; on dit : *soixante et onze, soixante-douze,... soixante-seize ; quatre-vingt-onze, quatre-vingt-douze,... quatre-vingt-seize.*

Partout ailleurs, la formation est régulière. On dit : *vingt et un, vingt-deux, vingt-trois,... vingt-neuf ; trente et un, trente-deux, trente-trois,... trente-neuf* ; etc., etc. — Ainsi, au moyen des dizaines et des unités, on compte jusqu'à *quatre-vingt-dix-neuf*, inclusivement.

13. En ajoutant un à quatre-vingt-dix-neuf, qui contient neuf dizaines et neuf unités, on a neuf dizaines et *dix* unités (12) ; et comme dix unités font une dizaine, on a en tout *dix dizaines*, collection qui a reçu le nom de *cent* ou *centaine : c'est l'unité du troisième ordre.*

On compte par centaines comme on a compté par unités simples. On dit : une centaine, deux centaines, trois centaines,... neuf centaines ; ou bien : *cent, deux cents, trois cents,... neuf cents.* Et plaçant à la suite de chaque centaine les noms des quatre-vingt-dix-neuf premiers nombres, on a formé les noms de tous les nombres, depuis cent jusqu'à *neuf cent quatre-vingt-dix-neuf*, inclusivement.

14. En ajoutant un à neuf cent quatre-vingt-dix-neuf,

qui renferme neuf centaines, neuf dizaines et neuf unités, on a neuf centaines, neuf dizaines et *dix* unités, ce qui fait neuf centaines et *dix* dizaines, car (**12**) dix unités forment une dizaine ; et comme dix dizaines forment une centaine (**13**), on a en tout *dix centaines*, collection qui a reçu le nom de *mille : c'est l'unité du quatrième ordre.*

On regarde *mille*, non-seulement comme étant l'unité du quatrième ordre, mais encore comme formant une nouvelle *unité principale*, en sorte que l'on compte par mille, dizaines de mille, centaines de mille, jusqu'à neuf cent quatre-vingt-dix-neuf mille, de la même manière que l'on a compté par unités, dizaines et centaines, jusqu'à neuf cent quatre-vingt-dix-neuf (**11, 12, 13**).

Dix mille font *une dizaine de mille*, qui est *l'unité du cinquième ordre :* et dix dizaines de mille font *une centaine de mille : c'est l'unité du sixième ordre.*

Plaçant à la suite de chaque mille les noms des neuf cent quatre-vingt-dix-neuf premiers nombres, on forme les noms de tous les nombres, jusqu'à *neuf cent quatre-vingt-dix-neuf mille neuf cent quatre-vingt-dix-neuf.*

15. En ajoutant un à ce dernier nombre, on a neuf cent quatre-vingt-dix-neuf mille et mille, ou *mille mille*, collection à laquelle on a donné le nom de *million*. Une collection de mille millions forme *un billion* (en terme de finances, *milliard*) ; mille billions forment *un trillion ;* mille trillions forment *un quatrillion*, et ainsi de suite.

Les millions, les billions, les trillions,... sont, comme les unités simples et les mille, des unités principales (que l'on appelle aussi *ternaires*), et que l'on compte par unités, dizaines, centaines : le million est *l'unité du septième ordre;* dix millions font une dizaine de millions, qui est *l'unité du huitième ordre ;* dix dizaines de millions font une centaine de millions, ce qui est *l'unité du neuvième ordre;* etc., etc.

16. De ce que nous venons de dire, il suit que le principe fondamental de la numération parlée est que

DIX *unités d'un ordre quelconque font une unité de l'ordre immédiatement supérieur;* et que la *réunion de* MILLE *unités principales forme une unité d'une classe immédiatement supérieure.* — Les unités simples forment la première classe d'unités; les mille forment la seconde; les millions, la troisième; les billions, la quatrième;...

17. Le tableau suivant résume la numération parlée :

1re CLASSE : Unités simples.	Unités simples, ou unités du premier ordre; Dizaines .... du deuxième ordre; Centaines .... du troisième ordre.
2o CLASSE : Mille.	Mille, unités du quatrième ordre; Dizaines de mille, ... du cinquième ordre; Centaines de mille, ... du sixième ordre.
3e CLASSE : Millions.	Millions, unités du septième ordre; Dizaines de millions...... du huitième ordre; Cent. de millions, ... du neuvième ordre.
4e CLASSE : Billions.	Billions, unités du dixième ordre; Dizaines de billions,...... du onzième ordre; Cent. de billions, ... du douzième ordre.
5e CLASSE : Trillions.	Trillions, unités du treizième ordre; Dizaines de trillions, ... du quatorzième ord.; Cent. de trillions, ... du quinzième ordre.

Etc., etc. — Dans l'usage ordinaire, on ne passe pas les billions.

18. La suite des nombres entiers, *un, deux, trois, quatre, cinq,*... forme ce que l'on appelle *la suite naturelle* des nombres; chaque nombre entier s'appelle *terme* de la suite naturelle.

Numération écrite.

19. Les nombres se représentent au moyen des *dix* caractères ou chiffres suivants :

$$1, \quad 2, \quad 3, \quad 4, \quad 5, \quad 6, \quad 7, \quad 8, \quad 9, \quad 0;$$

et pour y parvenir, on est convenu que *Tout chiffre*

placé à la gauche d'un autre, représente des unités de l'ordre immédiatement supérieur, et que le premier chiffre à droite représente des unités simples.

20. Les neuf premiers chiffres représentent les nombres

un, deux, trois, quatre, cinq, six, sept, huit, neuf,

dont ils portent les noms. Quant au dixième, nommé *zéro*, il n'a aucune valeur par lui-même, mais il se met à la place des unités d'un ordre quelconque qui manquent dans l'énoncé d'un nombre.

21. D'après ces principes (**19** et **20**), les dizaines se représentent par

10, 20, 30, 40, 50, 60, 70, 80, 90;

et, en remplaçant le zéro tour à tour par chacun des neuf premiers chiffres, on représente tous les nombres depuis *dix* jusqu'à *quatre-vingt-dix-neuf.* — Ainsi, *dix* étant représenté par 10, les nombres *onze, douze, treize, quatorze, ... dix-neuf,* se représentent par

11, 12, 13, 14, ... 19.

De même, *vingt* étant représenté par 20, les nombres *vingt et un, vingt-deux, vingt-trois, vingt-quatre, ... vingt-neuf,* se représentent par

21, 22, 23, 24, ... 29.

Quatre-vingt-dix-neuf se représente par   99.

22. Les centaines se représentent par

100, 200, 300, 400, 500, 600, 700, 800, 900;

et si le nombre à écrire renferme en outre des dizaines et des unités, on remplace les zéros par les chiffres qui représentent ces nombres de dizaines et d'unités. — Ainsi, le nombre

Trois cent soixante-cinq, contenant *trois* centaines, *six* dizaines et *cinq* unités, se représente par 365;

Six cent neuf, contenant *six* centaines, *aucune* dizaine et *neuf* unités, se représente par 609;

Cinq cent quarante, contenant *cinq* centaines, *quatre* dizaines et *aucune* unité, se représente par 540.

On verra de même que

Cinq cent soixante-dix-huit se représente par	578;
Six cent quatre-vingt-quinze, par	695;
Neuf cent quatre-vingt-dix-neuf, par	999.

23. Les MILLE, depuis *mille* jusqu'à *neuf cent quatre-vingt-dix-neuf mille*, se représentent comme les unités, depuis un jusqu'à neuf cent quatre-vingt-dix-neuf (**20**, **21**, **22**). A la droite des mille, on place les centaines, les dizaines et les unités simples, en ayant soin d'écrire un zéro pour chacun des ordres qui manquent. — Les *millions* se placent à la gauche des mille, comme ceux-ci à la gauche des trois premiers ordres d'unités; de même les *billions* se placent à la gauche des millions, les *trillions* à la gauche des billions, les *quatrillions* à la gauche des trillions, et ainsi de suite. — *Exemples.*

I. Ecrire *trente-quatre* MILLIONS, *quatre cent vingt-cinq* MILLE, *sept cent dix-huit* UNITÉS. — La classe des millions sera représentée par 34, d'après le N° **21**; celle des mille le sera par 425 (N° **22**), et celle des unités, par 718 : donc, le nombre dicté sera représenté par 34 425 718.

II. Ecrire *neuf* BILLIONS, *six* MILLIONS, *huit cent* MILLE, *trois cent cinq* UNITÉS. — La classe des billions sera représentée par 9; celle des millions le sera par 6; celle des mille, par 800; et celle des unités simples, par 305. Mais il ne s'ensuit pas que le nombre dicté soit représenté par 96 800 305. En effet, le 9 devant représenter des billions, doit occuper le dixième rang (N° **17**); et comme il est maintenant au huitième, il faut écrire deux zéros entre le 9 et le 6. On a ainsi 9 006 800 305, où l'on voit que la classe des millions doit être représentée par 006, ce qui montre que *chaque classe d'unités*, contenant *trois* ordres, *doit être représentée par* TROIS *chiffres*, excepté celle des plus hautes unités qui peut en contenir moins.

III. Ecrire *quatre-vingt-douze* TRILLIONS, *cinquante-deux* BILLIONS, *six cent sept* MILLE, *huit* UNITÉS — La classe des trillions sera représentée par 92; celle des billions le sera par 052 *(Exemple II);* celle des mille, par 607; et celle des unités simples par 008. Mais (N° **17**), entre les billions et les mille, se trouve la classe des millions : comme le nombre dicté n'en contient pas, il faudra représenter cette classe par trois zéros, et l'on aura, pour le nombre demandé, 92 052 000 607 008.

24. RÈGLE : *Pour représenter par des chiffres un nombre* *énoncé en langage ordinaire, on écrit à la suite les uns des autres les différents nombres qui indiquent combien le nombre énoncé contient d'unités de chaque classe. S'il manque dans une classe un ou plusieurs ordres d'unités, on les remplace par autant de zéros; et si, après la classe des plus hautes unités, il se trouve des classes non énoncées on met trois zéros à la place de chacune.*

25. Mais, un nombre étant écrit en chiffres, comment le traduire en langage ordinaire? — Deux cas se présentent.

1° *Si le nombre écrit n'a pas plus de trois chiffres, on énonce d'abord les centaines, puis les dizaines, et ensuite les unités*, comme l'enseigne la numération parlée (**11, 12, 13**). Ainsi, le nombre 567, contenant *cinq* centaines, *six* dizaines et *sept* unités (N° **19**), s'énonce : *cinq cent soixante-sept* UNITÉS.

2° *Si le nombre écrit a plus de trois chiffres, on le sépare en tranches de trois chiffres, en partant de la droite.* La première à droite représente la classe des unités simples (**17, 23**); la seconde représente celle des mille; la troisième, celle des millions; la quatrième, celle des billions; la cinquième, celle des trillions;... Ensuite, *commençant par la gauche, on énonce chaque tranche comme si elle était seule* (1°), *en lui donnant le nom de la classe d'unités qu'elle représente. Si une tranche ne renferme que des zéros, on n'en fait pas mention.*

Ainsi, 34 567 008 972, qu'on peut ainsi séparer 34·567·008·972, s'énonce : *Trente-quatre* BILLIONS, *cinq cent soixante-sept* MILLIONS, *huit* MILLE, *neuf cent soixante-douze* UNITÉS.

Et 1 203 045 000 689, ou bien 1·203·045·000·689, s'énonce : *Un* TRILLION, *deux cent trois* BILLIONS, *quarante-cinq* MILLIONS, *six cent quatre-vingt-neuf* UNITÉS. On ne parle point des mille, dont la tranche ne contient que des zéros.

Suite de la Numération. — Remarques.

26. *Pour rendre un nombre entier* DIX FOIS PLUS GRAND, *il suffit d'écrire un zéro à sa droite* (a). Ainsi, 1230 est dix fois plus grand que 123.

(a) On dit qu'un *nombre est dix fois plus grand qu'un autre* lorsque le premier contient dix fois le second. On dit aussi dans

En effet, 1230 peut s'énoncer 123 dizaines; il contient donc autant de dizaines que 123 contient d'unités; or, les dizaines sont dix fois plus grandes que les unités, puisque chaque dizaine vaut 10 unités (12) : donc, 1230 est dix fois plus grand que 123.

27. On démontrerait, de la même manière, qu'en écrivant *deux* zéros à la droite d'un nombre entier, on le rend 100 fois plus grand; qu'en écrivant *trois* zéros, on le rend 1000 fois plus grand; qu'en écrivant *quatre* zéros, on le rend 10000 fois plus grand; ... En sorte que

    6800 est 100 fois plus grand que 68;
    234000 est 1000 fois plus grand que 234;
    350000 est 10000 fois plus grand que 35;...

28. De ce que nous venons de dire (**26 et 27**), il résulte que

    123 est 10 fois plus petit que 1230;
    68 est 100 fois plus petit que 6800;
    234 est 1000 fois plus petit que 234000;
    35 est 10000 fois plus petit que 350000;...

donc, en supprimant *un* zéro sur la droite d'un nombre entier, on le rend *dix* fois plus petit; en supprimant *deux* zéros, on le rend 100 fois plus petit; en supprimant *trois* zéros, on le rend 1000 fois plus petit; en supprimant *quatre* zéros, on le rend 10000 fois plus petit;...

29. Les caractères 1, 2, 3, 4, 5, 6, 7, 8, 9, sont appelés *chiffres significatifs*. Ils ont deux espèces de valeurs : l'une qu'on nomme *absolue*, et qui n'est autre chose que celle du chiffre considéré seul, est invariable; l'autre qu'on nomme *relative*, et qui est celle qu'il tire de sa position, varie suivant la place qu'il occupe à l'égard des autres chiffres. — Dans 234, la valeur relative du chiffre 3 est *trente*; dans 2340, elle est de *trois cents*; dans 23400, elle est de *trois mille*;... et sa valeur absolue est toujours *trois*.

30. La numération que nous venons d'exposer, et dans laquelle on emploie *dix* caractères, s'appelle, à cause de cela, *numération décimale*.

---

ce cas que *le second est dix fois plus petit* que le premier. — On verra facilement, d'après cela, ce qu'on doit entendre par un nombre 100 fois, 1000 fois, 10000 fois,.... plus grand ou plus petit qu'un autre.

Chiffres romains.

31. Ces chiffres ne sont point en usage dans les calculs; mais on s'en sert en certains cas pour désigner des nombres d'ordre, comme les dates sur les monuments, les numéros des chapitres, des leçons d'un livre, etc. Ils sont au nombre de sept : les voici, avec leurs valeurs

Chiffres I,   V,   X,   L,   C,   D,   M;·
Valeurs 1... 5.... 10... 50... 100... 500... 1000.

L'écriture des nombres au moyen des chiffres romains, repose sur cette double convention :

1° Tout chiffre placé *à droite* d'un autre égal ou plus fort, *s'ajoute* à celui-ci. — Ainsi, XVI représente 16;

2° Tout chiffre placé *à gauche* d'un autre plus fort, *se retranche* de ce dernier. — Ainsi, IV représente 4.

D'après ces conventions, on verra aisément que

II	représente	2	XXX	représente	30
III	....	3	XL	....	40
IV	....	4	L	....	50
V	....	5	LX	....	60
VI	....	6	LXX	....	70
VII	....	7	LXXX	....	80
VIII	....	8	XC	....	90
IX	....	9	C	....	100
X	....	10	CC	....	200
XI	....	11	CCC	....	300
XII	....	12	CD	....	400
XIII	....	13	D	....	500
XIV	....	14	DC	....	600
XV	....	15	DCC	....	700
XVI	....	16	DCCC	....	800
XVII	....	17	CM	....	900
XVIII	....	18	M	....	1000
XIX	....	19	MC	....	1100
XX	....	20	MDCC	....	1700
XXI	....	21	MDCCCXXV	.....	1825
XXII	....	22	MDCCCXL	......	1840
Etc.			MDCCCLXI	......	1861

32. Mesures françaises.

LONGUEURS.

Le myriamètre,
Le kilomètre,
L'hectomètre,
Le décamètre,
Le mètre,
Le décimètre,
Le centimètre,
Le millimètre.

SURFACES AGRAIRES.

L'hectare,
L'are,
Le centiare.

PETITES SURFACES.

Le mètre carré,
Le décimètre carré,
Le centimètre carré,
Le millimètre carré,

VOLUMES. — BOIS.

Le décastère,
Le stère,
Le décistère.

AUTRES VOLUMES.

Le mètre cube,
Le décimètre cube,
Le centimètre cube,
Le millimètre cube.

CAPACITÉS.

L'hectolitre,
Le décalitre,

Suite des Capacités.

Le litre,
Le décilitre,
Le centilitre.

POIDS.

Le millier, ou le tonneau.
Le quintal,
Le myriagramme,
Le kilogramme,
L'hectogramme,
Le décagramme,
Le gramme,
Le décigramme,
Le centigramme,
Le milligramme.

MONNAIES.

Le franc,
Le décime,
Le centime.

TEMPS.

Le siècle,
L'année,
Le mois,
La semaine,
Le jour,
L'heure,
La minute,
La seconde.

CERCLE.

Le degré,
La minute,
La seconde.

Maintenant que nous savons énoncer et représenter les nombres entiers, nous allons apprendre à les soumettre au *calcul* (N° 8). — L'arithmétique ne contient que quatre opérations principales, savoir : *l'Addition, la Soustraction, la Multiplication* et *la Division.*

Leçon III. — Addition des Nombres entiers.

33. L'ADDITION *est une opération dont le but est de trouver un nombre qui renferme à lui seul toutes les parties de plusieurs autres nombres.* — Le résultat de l'addition s'appelle *somme*, ou *total*.

34. Pour indiquer l'addition, on se sert du signe + qu'on énonce *plus*, et qu'on place devant tous les nombres à ajouter, excepté le premier. Par exemple, pour indiquer qu'on ajoute 1 à 3, on écrit 3 + 1, qui s'énonce : 3 *plus* 1. D'ailleurs, pour marquer que deux quantités sont égales, on place entre elles le signe =, qui s'énonce *égale*, ou *est égal à*. Ainsi, comme en ajoutant 1 à 3, on a 4, on écrit : 3 + 1 = 4, et on lit : 3 *plus* 1 *égale* 4.

35. RÈGLE GÉNÉRALE : *Pour faire l'addition des nombres entiers, on les écrit les uns sous les autres, de manière que les unités de même ordre soient dans une même colonne, c'est-à-dire que les unités soient sous les unités, les dizaines sous les dizaines, les centaines sous les centaines, ... et on souligne le dernier. Ensuite, commençant* PAR LA DROITE, *on ajoute ensemble les chiffres de la première colonne : si la somme se représente par un seul chiffre, on l'écrit au-dessous ; si elle en a plusieurs, on écrit celui des unités, et on retient le nombre des dizaines pour l'ajouter à la colonne suivante. On opère sur celle-ci comme sur la première, et l'on continue de même jusqu'à la colonne la plus à gauche, sous laquelle on écrit la somme telle qu'on la trouve.* — EXEMPLE.

Trouver la somme des quatre nombres 4856, 423, 7895, 879.

Ayant écrit ces nombres les uns sous les autres, je dis en commençant par la droite ; 6 et 3, 9 ; et 5, 14 ; et 9, 23.

    4856

     423

    7895

     879

    ———

  14053

En 23 unités, il y a 2 dizaines et 3 unités : j'écris donc 3 sous la colonne des unités, et je retiens les 2 dizaines, pour les joindre à la colonne des dizaines.

Passant à cette colonne, je dis : 2 de retenue et 5, 7 ; et 2, 9 ; et 9, 18 ; et 7, 25. En 25 dizaines, il y à 2 centaines et 5 dizaines : j'écris 5 sous la colonne des dizaines; et je retiens les 2 centaines, pour les joindre à la colonne des centaines.

Passant aux centaines, je dis : 2 de retenue et 8, 10; et 4, 14; et 8, 22 ; et 8, 30. En 30 centaines, il y a juste 3 mille : j'écris 0 sous la colonne des centaines, et je retiens les 3 mille, pour les joindre à la colonne des mille.

Passant aux mille, je dis : 3 de retenue et 4, 7; et 7, 14 : j'écris 14 sous la colonne des mille, qui est la dernière.

Le nombre 14053 est bien la somme demandée, car, d'après l'opération que nous venons de faire, il renferme toutes les unités, toutes les dizaines, toutes les centaines, tous les mille, en un mot, toutes les parties des quatre nombres donnés (**33**).

Preuve de l'Addition.

36. En général, on appelle *preuve* d'une opération arithmétique, une autre opération par laquelle on s'assure de l'exactitude du résultat de la première.

37. Il y a plusieurs manières de faire la preuve de l'addition. La plus simple est de recommencer l'opération, mais dans un ordre différent. Si, la première fois, on a additionné de haut en bas, la seconde fois on additionne de bas en haut : il est évident que si l'opération est bonne, on doit trouver le même résultat.

Usage de l'Addition. — Problèmes.

38. L'usage de l'addition est indiqué par la définition même de cette opération (**33**). — Il est évident d'ailleurs qu'on ne peut ajouter ensemble que des nombres exprimant des unités de même nature, et que les unités du résultat sont aussi de même nature que celles des quantités ajoutées.

39. On appelle *problème*, une question à résoudre.

Résoudre un problème, c'est trouver un ou plusieurs nombres *inconnus*, en opérant sur des nombres connus par l'énoncé de la question, et que l'on appelle données du problème. — *Exemples.*

I. *Une école est divisée en quatre classes. La première contient 42 élèves; la seconde en contient 57; la troisième, 65; et la quatrième, 72. Combien y a-t-il d'élèves dans cette école?*

Il est clair que le nombre total d'élèves est la somme des quatre nombres 42, 57, 65, 72. Ainsi,

Nombre demandé $42 + 57 + 65 + 72 = 236$ élèves.

II. *Une marchandise coûte 12 345 francs; combien faut-il la revendre pour gagner 853 francs?*

Pour faire ce profit, il faut revendre la marchandise 853 francs de plus qu'elle n'a coûté : donc,

Quantité demandée $12345 + 853 = 13198$ francs.

III. *Une plantation contient 324 chênes, 567 châtaigniers, 543 sapins, 258 peupliers, 621 pommiers et 769 poiriers : combien contient-elle d'arbres en tout?*

Il faut faire la somme des six nombres donnés et l'on trouve

$324 + 567 + 543 + 258 + 621 + 769 = 3082$ arbres.

IV. *L'arrondissement de Nantes contenait 240 440 habitants, en 1851; en cette même année, l'arrondissement d'Ancenis contenait 48 102 habitants; celui de Châteaubriant en contenait 71 462; celui de Paimbœuf, 46 767; et celui de Savenay 128 893. Ces cinq arrondissements forment le département de la Loire-Inférieure. Trouver quelle était, en 1851, la population de ce département.*

Il faut ajouter ensemble les cinq nombres d'habitants, et l'on trouve 535 664 pour la population demandée.

LEÇON IV. — Soustraction des Nombres entiers.

40. LA SOUSTRACTION *est une opération par laquelle, connaissant la somme de deux nombres, et l'un de ces nombres, on trouve l'autre.* Le résultat de la soustraction s'appelle *reste*, *excès*, ou *différence*.

41. Pour indiquer la soustraction, on place devant le nombre à soustraire le signe —, qu'on énonce *moins*. Ainsi, pour marquer qu'on veut soustraire 3 de 8, on écrit 8 — 3, qu'on énonce : 8 *moins* 3.

42. Soustraire 3 de 8, c'est, d'après la définition (40), trouver un nombre qui, ajouté à 3, donne 8 : ainsi, le reste est 5, parce que 5 et 3 font 8.

43. RÈGLE GÉNÉRALE. *Pour faire la soustraction des nombres entiers, on écrit le plus petit nombre sous le plus grand, de manière que les unités de même ordre se correspondent verticalement, c'est-à-dire que les unités de l'un soient sous les unités de l'autre, les dizaines sous les dizaines,... et on souligne le nombre inférieur. Ensuite, commençant* PAR LA DROITE, *on retranche chaque chiffre inférieur du chiffre supérieur correspondant ; on écrit le reste au-dessous. Si un chiffre supérieur est trop faible, on l'augmente de* 10, *et l'on compte* 1 *de plus au chiffre inférieur suivant. On continue ainsi jusqu'à la dernière colonne à gauche.* — EXEMPLE.

Soustraire 43947 de 80639.

Ayant écrit le plus petit nombre sous le plus grand, je commence par les unités, et je dis : 7 *de* 9, *reste*
2 (*a*), que j'écris au-dessous.

  80639

  43947

Reste 36692

Passant aux dizaines : 4 *de* 3, *ne se peut ;* aux trois dizaines, j'ajoute *une centaine* ou 10 dizaines, ce qui donne 13 dizaines, et je dis : 4 *de* 13, *reste* 9, que j'écris sous les dizaines.

Ayant augmenté le plus grand nombre d'une centaine, j'augmente aussi le plus petit d'une centaine. Je dis donc aux centaines : 1 *et* 9, 10, *de* 6, *ne se peut ;* aux 6 centaines, ajoutant *un mille* ou 10 centaines, j'ai 16 centaines, et je dis : 10 *de* 16, *reste* 6, que j'écris sous les centaines.

Ayant augmenté le plus grand nombre d'un mille, j'augmente aussi le plus petit d'un mille. Je dis donc : 1 *et* 3, 4, *de* 0, *ne se peut ;* j'ajoute *une dizaine de mille* au nombre supérieur, et je dis : 4 *de* 10, *reste* 6, que j'écris sous les mille.

Ayant ajouté une dizaine de mille au plus grand nombre, j'en ajoute aussi une au plus petit ; c'est pourquoi je dis : 1 *et* 4, 5, *de* 8, *reste* 3, que j'écris sous les dizaines de mille.

(*a*) Cette façon de parler, admise pour faciliter la rapidité du calcul, peut être considérée comme une abréviation de celle-ci : ôter 4 *de* 9, *donne pour reste* 5.

Preuve de la Soustraction.

44. Pour faire la preuve de la soustraction, on ajoute le reste au plus petit nombre, et si l'opération est bien faite, on trouve le plus grand, qui en est la somme (40).

Usage de la Soustraction. — Problèmes.

45. Il faut faire une soustraction toutes les fois que, d'après l'énoncé de la question, le plus grand des nombres donnés est la somme de l'autre nombre donné et du nombre demandé (40). — Il est évident, au reste, que la nature des unités est la même dans les deux nombres proposés et dans le résultat de l'opération.

PROBLÈME I. *Quelqu'un avait 45 francs; il en a dépensé 18 : combien en a-t-il encore?*

Il est évident qu'en ajoutant ensemble ce qu'il a dépensé et ce qu'il lui reste, on aurait ce qu'il avait d'abord; ainsi, la quantité 45 francs contient 18 francs, *plus* ce qu'il lui reste : donc

Il a encore $45 - 18 = 27$ francs.

PROBLÈME II. *Une marchandise coûtait 827 francs; elle est revendue 901 francs : combien gagne-t-on?*

Le gain ajouté au prix d'achat 827 francs donnerait le prix de vente 901 francs; ainsi 901 est la somme de 827 et du nombre demandé : donc

On a gagné $901 - 827 = 74$ francs.

PROBLÈME III. *Saint Vincent de Paul naquit en 1576, et mourut en 1660 : à quel âge est-il mort?*

L'âge ajouté à 1576 donnerait 1660 : donc, retranchant 1576 de 1660, et nous aurons l'âge demandé 84 ans.

PROBLÈME IV. *En 1820, la population de la France était de 30 451 187 habitants; et en 1851, elle était de 35 783 059 habit. : de combien a-t-elle augmenté de 1820 à 1851, c'est-à-dire en 31 ans?*

La population de 1851 contient celle de 1820, *plus* l'augmentation demandée : donc, pour trouver celle-ci, retranchons 30 451 187 de 35 783 059. Ainsi,

Augmentation $35\,783\,059 - 30\,451\,187 = 5\,331\,872$ habit.

Leçon V. — Multiplication des Nombres entiers. Définitions, Notations.

46. *La* Multiplication *est une opération par laquelle on prend un nombre appelé* multiplicande *autant de fois qu'il y a d'unités dans un autre appelé* multiplicateur. Le résultat de la multiplication s'appelle *produit*.

Ainsi, multiplier 4 par 3, c'est prendre 3 fois 4 : alors le multiplicande est 4, le multiplicateur est 3 ; et comme 3 fois 4 font 12, le produit est 12.

47. Pour indiquer la multiplication, on se sert du signe $\times$, ou du *point* : l'un et l'autre s'énoncent *multiplié par*.

Ainsi, le produit de 4 par 3 s'indique 4×3, ou 4.3, et s'énonce 4 *multiplié par* 3.— Le produit $4 \times 3 \times 2$, ou 4.3.2, qui s'énonce 4 *multiplié par* 3 *multiplié par* 2, signifie qu'il faut multiplier 4 par 3, et le produit par 2.

48. Le multiplicande et le multiplicateur s'appellent, d'un nom commun, *facteurs* du produit.

Dans 4.3, il y a deux facteurs, 4 et 3 ;
Dans 43.8.100, il y en a trois, 43, 8, et 100.

49. Lorsque les facteurs d'un produit sont égaux, on se contente ordinairement d'écrire l'un d'eux une seule fois, et l'on met à sa droite, un peu au-dessus, le nombre qui marque combien de fois il est facteur : ce nombre s'appelle *exposant*, et le produit qu'il indique est une *puissance* du nombre multiplié. Ainsi,

Au lieu de 6.6, on écrit 6^2 ;
Au lieu de 38.38.38, on écrit 38^3 ;...

Dans 6^2, l'exposant est 2 ; dans 38^3, l'exposant est 3 : l'exposant marque donc le nombre des facteurs égaux, et par conséquent,

8^4 est la même chose que 8. 8. 8. 8 ;
92^3 est la même chose que 92.92.92 ;...

Table de Multiplication.

50. Pour calculer avec justesse et promptitude, il est essentiel de savoir de mémoire les produits de tous les nombres d'un seul chiffre, multipliés entre eux deux à deux : ils sont réunis dans le tableau suivant, appelé *Table de Multiplication*. On l'attribue à Pythagore.

1	2	3	4	5	6	7	8	9	10	11	12
2	4	6	8	10	12	14	16	18	20	22	24
3	6	9	12	15	18	21	24	27	30	33	36
4	8	12	16	20	24	28	32	36	40	44	48
5	10	15	20	25	30	35	40	45	50	55	60
6	12	18	24	30	36	42	48	54	60	66	72
7	14	21	28	35	42	49	56	63	70	77	84
8	16	24	32	40	48	56	64	72	80	88	96
9	18	27	36	45	54	63	72	84	90	99	108

51. Pour trouver, au moyen de la Table de Multiplication, le produit de deux nombres d'un seul chiffre, on prend le multiplicande dans la première ligne ; on descend verticalement jusque vis-à-vis du multiplicateur pris dans la première colonne à gauche : le nombre auquel on arrive est le produit cherché. — *Exemples.*

$$\text{I.} \quad 4.3 = 12. \qquad \text{III.} \quad 7.4 = 28.$$
$$\text{II.} \quad 6.5 = 30. \qquad \text{IV.} \quad 9.8 = 72.$$

Cas où le Multiplicateur n'a qu'un chiffre.

52. RÈGLE : *Pour multiplier un nombre de plusieurs chiffres par un nombre d'un seul chiffre, on écrit le multiplicateur sous le multiplicande, et on souligne le tout. Ensuite, on multiplie le chiffre des unités du multiplicande par le multiplicateur* (**51**) : *si le produit n'a qu'un chiffre, on l'écrit au-dessous ; s'il a deux chiffres, on écrit celui des unités, et on retient celui des dizaines. — On multiplie le chiffre des dizaines du multiplicande par le* *multiplicateur ; au produit, on ajoute les dizaines retenues, s'il y en a : si la somme n'a qu'un chiffre, on l'écrit à la gauche du premier chiffre calculé ; si elle a deux chiffres, on écrit celui des unités, et on retient celui des dizaines.* — On continue de même jusqu'au dernier chiffre à gauche, sous lequel on écrit le produit joint aux dizaines retenues, tel qu'on l'a trouvé. — *Exemple.*

Trouver le produit de 3457 par 8.

J'écris le multiplicateur 8 sous le multiplicande 3457 ; puis, commençant par la droite, je dis : 8 fois 7, 56 ; en 56 unités, il y a 5 dizaines et 6 unités : je pose les 6 unités, et retiens les 5 dizaines, pour les joindre au produit des dizaines par 8.

$$3457$$
$$8$$
$$\overline{}$$

Produit 27656

Passant aux dizaines, je dis : 8 fois 5, 40, et 5 de retenue, 45 ; en 45 dizaines, il y a 4 centaines et 5 dizaines : je pose les 5 dizaines à gauche des 6 unités, et je retiens les 4 centaines.

Aux centaines : 8 fois 4, 32, et 4 de retenue, 36 ; en 36 centaines, il y a 3 mille et 6 centaines : je pose les 6 centaines, et retiens les 3 mille.

Enfin, aux mille : 8 fois 3, 24, et 3 de retenue, 27 ; je pose 27, car je suis au dernier chiffre.

Cas où le Multiplicande et le Multiplicateur ont plusieurs chiffres.

53. RÈGLE : *Pour multiplier un nombre de plusieurs chiffres par un nombre de plusieurs chiffres, on écrit le multiplicateur sous le multiplicande, on souligne le tout. On multiplie d'abord tout le multiplicande par le chiffre des unités du multiplicateur, comme on multiplie par un nombre d'un seul chiffre (52). On multiplie ensuite, de la même manière, tout le multiplicande par le chiffre des dizaines du multiplicateur, et on place le premier chiffre du nouveau produit sous les dizaines du premier. On continue de même de multiplier tout le multiplicande par chacun des chiffres du multiplicateur, et l'on écrit chaque produit sous le précédent, de manière que son premier chiffre occupe, à l'égard du premier produit, le même rang que le chiffre par lequel on multiplie. Faisant la somme de tous les produits partiels, on a le produit cherché.*

EXEMPLE. *Trouver le produit de 98213 par 4056.*

J'écris le multiplicateur sous le multiplicande. Je souligne le tout. Je multiplie tout le multiplicande par 6, ce qui me donne 589278. Je multiplie ensuite tout le multiplicande par les 5 dizaines; j'écris le nouveau produit 491065 sous le précédent, en plaçant son premier chiffre 5 sous les 7 dizaines du premier. Enfin, je multiplie tout le multiplicande par les 4 mille; j'écris le troisième produit 392852 sous le précédent, en plaçant son premier chiffre 2 sous les mille du premier. Faisant maintenant l'addition, je trouve 398351928 : c'est le produit demandé.

$$
\begin{array}{r}
98213 \\
4056 \\
\hline
589278 \\
491065 \\
392852 \\
\hline
398351928
\end{array}
$$

54. *Pour faire la multiplication, lorsque les facteurs sont terminés par des zéros, on peut opérer comme si ces zéros n'y étaient point; ensuite, à la droite du produit, écrire tous les zéros qui sont sur la droite des facteurs.*

$$
\begin{array}{r}
45600 \\
24000 \\
\hline
1824 \\
912 \\
\hline
1094400000
\end{array}
$$

Ainsi, pour trouver le produit de 45600 par 24000, je multiplie 456 par 24, ce qui donne 10944; puis comme le multiplicande est terminé par *deux* zéros, et le multiplicateur par *trois* zéros, j'en écris *cinq* à la droite de 10944, et j'ai 1094400000 : c'est le produit cherché.

Preuve de la Multiplication.

55. PRINCIPE. *Le produit de deux facteurs reste le même, dans quelque ordre qu'on les multiplie.* Par exemple, $5.4 = 4.5$.

56. Pour faire *la preuve* de la multiplication, on peut prendre le multiplicateur pour multiplicande, et le multiplicande pour multiplicateur, puis refaire la multiplication : on doit (55) retrouver le même produit.

Par exemple, ayant trouvé (N° **53**) que $98213.4056 = 398351928$, pour faire la preuve, je multiplierai 4056 par 98213, et je dois trouver le même résultat, à moins d'erreur dans la première, ou dans la seconde multiplication.

Résultat et Usages de la Multiplication.

57. D'après la définition de la multiplication (46), on pourrait faire cette opération par l'addition, en écrivant le multiplicande autant de fois qu'il y a d'unités dans le multiplicateur; formant ensuite la somme, on aurait le produit cherché. Mais (38) les unités de la somme sont de même nature que celles des quantités ajoutées : donc, *Les unités du produit sont de même nature que celles du multiplicande.*

58. La multiplication sert

1° *A trouver la valeur totale de plusieurs unités de même valeur.* Pour trouver cette valeur totale, il faut multiplier la valeur de l'unité par le nombre des unités : le produit est la valeur totale cherchée. — *Exemples.*

I. *Combien coûteront 24 mètres de drap, à 32 francs le mètre?*

Un mètre coûtant 32 francs, 24 mètres coûteront 24 *fois* 32 *francs :* ainsi (46), il faut multiplier 32 francs par 24, et l'on a

Prix demandé $32.24 = 768$ francs.

II. *Combien y a-t-il de feuilles dans 12 rames de papier, sachant que la rame est de 20 mains, et la main de 25 feuilles?*

Une main contenant 25 feuilles, la rame qui est composée de 20 mains, contient 20 *fois* 25 *feuilles,* ou 25.20 ; donc 12 rames contiennent 12 *fois* 25.20. Ainsi,

Nombre demandé $25.20.12 = 6000$ feuilles.

2° *A convertir des unités d'une certaine espèce en unités d'une espèce inférieure,* par exemple, des jours en heures, celles-ci en minutes, ces dernières en secondes. Pour opérer cette conversion, on multiplie le nombre des plus hautes unités par le nombre qui marque combien une unité de cette espèce en vaut de l'espèce suivante ; au produit, on ajoute les unités de cette espèce suivante, s'il y en a. On opère de la même manière sur la somme, et l'on continue ainsi jusqu'à l'espèce à laquelle on veut s'arrêter. — *Exemple.*

Combien y a-t-il de minutes dans 23 jours 10 heures 35 minutes?

Le jour valant 24 heures, les 23 jours valent évidemment 23 fois 24 heures, ou 24.23 ; comme il y a de plus 10 heures, le

nombre total des heures est 24.23 $+$ 10, ou 562 : on a donc
maintenant 562 heures et 35 minutes à exprimer en minutes.

Une heure valant 60 minutes, les 562 heures valent 562 fois
60 minutes, ou 60.562; comme il y a de plus 35 minutes, le
nombre total des minutes, ou le nombre demandé, est 60.562 $+$ 35,
ou 33 755.

Leçon VI. — Division des Nombres entiers.

59. La Division *est une opération par laquelle, connaissant un produit et l'un de ses facteurs, on trouve
l'autre facteur.* — Le produit donné s'appelle *dividende*;
le facteur connu se nomme *diviseur*; et le facteur demandé, *quotient* : le quotient est donc le nombre qui,
multipliant le diviseur, donne le dividende.

60. La division s'indique en écrivant le diviseur à la
droite du dividende, et les séparant par *deux points*;
ou bien, en écrivant le diviseur sous le dividende, et
interposant *une barre*. Ainsi, pour indiquer la division
de 8 par 4, on écrit 8 : 4, ou bien $\frac{8}{4}$, et l'on énonce
8 *divisé par* 4. La seconde manière s'énonce souvent
8 *sur* 4.

Division, lorsque le diviseur n'a qu'un chiffre.

61. *Diviser* 8 *par* 4, c'est, d'après la définition de la
division (59), trouver un nombre qui, multipliant 4,
donne 8 : c'est donc 2 qui est le quotient, puisque 2
fois 4 font 8, ce qu'on indique ainsi : $\frac{8}{4} = 2$, parce que
4.2 $= 8$.

62. La Table de Multiplication (N° **50**), peut servir à
trouver le quotient, toutes les fois qu'il est moindre que
10, et que le diviseur n'excède pas 12 : pour cela, *On
prend le diviseur dans la première ligne; on descend verticalement jusqu'à ce qu'on trouve le dividende, ou le
nombre qui en approche le plus en moins : le chiffre qui*

se trouve vis-à-vis, dans la première colonne à gauche, est le quotient cherché (a). — EXEMPLES.

Dividendes : 30, 28, 27, 88, 70, 33, 52 ;
Diviseurs : 6, 4, 3, 11, 12, 10, 7 ;
Quotients : 5, 7, 9, 8, 5, 3, 7.

63. Pour faire la division, lorsque le diviseur n'ayant qu'un chiffre, le dividende en a une quantité quelconque, *On écrit le diviseur à la droite du dividende, on les sépare par un trait vertical, on souligne le diviseur. On prend, sur la gauche du dividende, la moindre quantité de chiffres nécessaires pour contenir le diviseur, et on a* LE PREMIER DIVIDENDE PARTIEL (b). *Divisant ce premier dividende partiel par le diviseur* (N° **62**), *on a le chiffre des plus hautes unités du quotient, on l'écrit sous le diviseur. On multiplie le diviseur par ce chiffre, on retranche le produit du premier dividende partiel, on écrit le reste au-dessous. A droite du reste, on écrit le chiffre suivant du dividende principal, on a un* SECOND DIVIDENDE PARTIEL, *qu'on divise par le diviseur, ce qui donne le second chiffre du quotient : on l'écrit à la droite du premier. On multiplie le diviseur par ce second chiffre, on retranche le produit du second dividende partiel, on écrit le reste au-dessous. A droite du second reste, on place le chiffre suivant du dividende principal, on a un* TROISIÈME DIVIDENDE PARTIEL, *qu'on divise par le diviseur.* — On continue ainsi jusqu'à ce qu'on ait employé tous les chiffres du dividende principal.

64. Si un dividende partiel est plus petit que le diviseur, on écrit *zéro* au quotient ; à droite de ce dividende partiel, on place le chiffre suivant du dividende

---

(a) Le quotient est un nombre *entier*, lorsqu'on trouve le dividende ; il est *fractionnaire*, si on ne le trouve pas exactement.— Pour le moment, nous négligerons la fraction, pour ne prendre que la partie entière du quotient.

(b) Le dividende donné se nomme *dividende principal* ; ce qu'on prend sur sa gauche pour contenir le diviseur, est le *premier dividende partiel* ; et chaque reste suivi du chiffre abaissé du dividende principal, forme un nouveau *dividende partiel*.

principal, et on continue la division comme il vient d'être dit. — Il faut d'ailleurs bien remarquer que *tout reste doit être moindre que le diviseur.*

EXEMPLE I. *Diviser 42472 par 8.*

J'écris le diviseur 8 à la droite du dividende 42472. Deux chiffres sont nécessaires et sont suffisants pour contenir 8 : ainsi 42 est le premier dividende partiel. Je dis maintenant : *En 42, combien de fois 8 ?* — 5 fois ; j'écris 5 au quotient. Je multiplie le diviseur 8 par 5, et ôtant le produit 40 de 42, je trouve 2 pour premier reste. — A droite de 2, j'écris le chiffre suivant 4 du dividende principal, et j'ai 24 pour second dividende partiel. Je dis ensuite : *En 24, combien de fois 8 ?* — 3 fois ; j'écris 3 comme second chiffre du quotient. Je multiplie 8 par 3, et ôtant le produit de 24, je trouve 0 pour second reste. — A droite de 0, j'écris le chiffre suivant 7 du dividende principal, et j'ai 07, ou simplement 7, pour troisième dividende partiel. Comme ce dividende partiel 7 est plus petit que le diviseur 8, j'écris 0 au quotient : c'est son troisième chiffre. — A droite de 7, j'écris le chiffre suivant 2 du dividende principal, et j'ai 72 pour quatrième dividende partiel. Je dis donc : *En 72, combien de fois 8 ?* — 9 fois ; j'écris 9 pour quatrième chiffre du quotient. Je multiplie 8 par 9, et ôtant le produit de 72, je trouve 0 pour reste.— Comme j'ai employé tous les chiffres du dividende principal, et que j'arrive à un reste nul, j'en conclus que le quotient cherché est exactement 5309.

65. On appelle *moitié, tiers, quart, cinquième, sixième,... d'un nombre,* le quotient qu'on obtient en divisant ce nombre par 2, 3, 4, 5, 6,...

Cela posé, dans la pratique, lorsque le diviseur n'a qu'un chiffre, on abrége ordinairement comme il suit.

Soit proposé de *diviser 23456 par 5.*

On écrit assez souvent le quotient sous le dividende ; et pour l'obtenir, on dit : Le 5ᵉ de 23 est 4, pour 20 (parce que 4 fois 5 font 20) ; il reste 3, qu'on regarde comme dizaines, et qu'on réunit par la pensée au chiffre suivant 4 du dividende, ce qui donne 34 ; le 5ᵉ de 34 est 6, pour 30 (parce que 6 fois 5 font 30) ; il reste 4, qui, réuni comme dizaines au chiffre suivant 5, forme 45 ; le 5ᵉ de 45 est 9 ; le 5ᵉ de 6 est 1, et *il reste* 1. — Le quotient cherché est 4691, et le reste 1.

Division, lorsque le Diviseur a plusieurs chiffres.

66. *On divise par le premier chiffre à gauche du diviseur* LA PARTIE CORRESPONDANTE *du premier dividende partiel* (a) : *on a le premier chiffre du quotient, ou un chiffre plus fort. Pour le vérifier, on divise le dividende partiel par ce chiffre* (65) : *il est bon, si le quotient qu'on trouve n'est pas moindre que le diviseur ; dans le cas contraire, il est trop fort ; on le diminue d'une unité, on recommence la vérification, ce que l'on continue jusqu'à ce qu'on obtienne un quotient qui ne soit pas moindre que le diviseur. Alors, on écrit ce chiffre au quotient ; on multiplie tout le diviseur par ce chiffre, et on ôte le produit du premier dividende partiel.* — *On opère sur le second dividende partiel comme sur le premier, ce qui donne le second chiffre du quotient.* — On continue ainsi, jusqu'à ce qu'on ait employé tous les chiffres du dividende principal.— Si un dividende partiel, etc. (*Voir le N° 64.*)

EXEMPLE. *Diviser* 1 794.772 *par* 5834.

Ayant écrit le diviseur à la droite du dividende, je vois que le premier dividende partiel est 17 947, qui contient un chiffre de plus que le diviseur. Pour obtenir le premier chiffre du quotient, je dis donc : *En* 17, *combien de fois* 5? — 3 *fois* : 3 est le premier chiffre du quotient, à moins qu'il ne soit trop fort. Pour le vérifier, je

$$1794772 \;\Big)\; 5834$$
$$.44372 \;\Big\}\; \overline{}$$
$$3734 \;\Big)\; 307.$$

divise 17.947 par 3, en disant : *Le tiers de* 17 *est* 5, *pour* 15, *reste* 2 ; *le tiers de* 29 *est* 9,… Il n'est pas nécessaire d'aller plus loin, car si je puis ôter de 17 947, *trois* fois 5000, à plus forte raison puis-je en ôter 3 fois 5834 : donc 3 est le premier chiffre du quotient.

Il faut maintenant multiplier le diviseur 5834 par 3, et ôter le produit de 17.947. Pour faire cette soustraction (et autres semblables), dans la pratique, *On multiplie le diviseur par le quotient ; on retranche au fur et à mesure chaque produit du chiffre correspondant du dividende partiel, en augmentant ce chiffre d'autant de dizaines qu'il est nécessaire, pour que la soustraction se fasse,*

(a) Cette *partie correspondante* est formée par le premier chiffre à gauche, ou par les deux premiers, selon que ce dividende partiel a le même nombre de chiffres que le diviseur, ou qu'il en a un de plus.— Pour ce qu'on appelle *dividende principal*, *dividende partiel*, voir la note (b) du N° 63.

et retenant ces dizaines pour ajouter au produit suivant. Ici donc, je dis : 3 fois 4, 12, de 17, reste 5, et je retiens 1 ; 3 fois 3, 9, et 1 de retenue, 10, de 14, reste 4, et je retiens 1 ; 3 fois 8, 24, et 1 de retenue, 25, de 29, reste 4, et je retiens 2 ; 3 fois 5, 15, et 2 de retenue, 17, de 17, reste zéro.

A droite du reste 445, j'écris le chiffre suivant 7 du dividende principal, j'ai 4457 pour second dividende partiel : comme il est moindre que le diviseur, j'écris 0 au quotient.

A droite de 4457, je place le chiffre suivant 2 du dividende principal, j'ai 44572 pour troisième dividende partiel. Comme il a un chiffre de plus que le diviseur, pour trouver le troisième chiffre du quotient, je dis : *En 44, combien de fois 5 ? — 8 fois* : 8 est le troisième chiffre du quotient, à moins qu'il ne soit trop fort. Pour le vérifier, je divise 44572 par 8, en disant : *Le 8ᵉ de 44 est 5, pour 40, reste 4* ; *le 8ᵉ de 45 est 5, pour 40,...* Je ne pourrais donc pas ôter de 44572, *huit fois 5600* ; à plus forte raison, je ne pourrai pas en ôter 8 fois 5834 : donc le chiffre 8 est trop fort. J'essaie 7 : *Le 7ᵉ de 44 est 6,...* Si je puis ôter 7 fois 6000 de 44572, je puis, à plus forte raison, en ôter 7 fois 5834 : donc 7 est le troisième chiffre du quotient. — Je multiplie 5834 par 7, et j'ôte le produit de 44572 ; pour cela, je dis : 7 fois 4, 28, de 32, reste 4, et je retiens 3 ; 7 fois 3, 21, et 3 de retenue, 24, de 27, reste 3, et je retiens 2 ; 7 fois 8, 56, et 2 de retenue, 58, de 65, reste 7, et je retiens 6 ; 7 fois 5, 35, et 6 de retenue, 41, de 44, reste 3.

Le quotient cherché est donc 307, et le reste 3734.

67. Lorsque le dividende et le diviseur sont terminés par des zéros, on peut les supprimer tous dans celui de ces nombres qui en a le moins, en supprimer une égale quantité dans l'autre, puis faire la division comme d'habitude, sans rien changer au quotient. — *Exemples.*

I. *Diviser* 126000 *par* 4200.

Je supprime deux zéros de part et d'autre, et je divise 1260 par 42, ce qui me donne 30 : c'est le quotient demandé.

II. *Diviser* 8940000 *par* 200000.

$$\left. \begin{array}{c} 894 \\ 94 \\ 14 \end{array} \right) \dfrac{20}{44}$$

Je supprime quatre zéros de part et d'autre, et je divise 894 par 20, ce qui me donne 44 : c'est la partie entière du quotient demandé.

Preuve de la division.

68. Pour faire *la preuve* de la division, on multiplie le diviseur par le quotient; on ajoute au produit le reste s'il y en a : on doit retrouver le dividende (N° **59**).

Nous avons trouvé (N° 66) qu'en divisant 1 794 772 par 5834, on a 307 pour quotient, et 3734 pour reste. Pour faire la preuve, on multipliera 5834 par 307 ; on ajoutera 3734 au produit, et l'on devra trouver exactement 1 794 772.

Usages de la Division.

69. Tous les usages de la division sont compris dans la définition que nous en avons donnée : *Connaissant un produit et l'un de ses facteurs*, LA DIVISION SERT *à trouver l'autre facteur* (N° **59**). Mais en particulier, LA DIVISION SERT 1° *à trouver combien de fois un nombre en contient un autre* ; 2° *à partager un nombre en un certain nombre de parties égales* ; 3° *à convertir des unités d'une certaine espèce en unités d'une espèce supérieure*, par exemple, des secondes en minutes, des minutes en heures, des heures en jours : ce troisième usage revient au premier, comme on le verra par les Exemples.

PREMIER USAGE. *Pour trouver combien de fois un nombre en contient un autre*, on divise le premier nombre par le second, et le quotient est le nombre demandé.

EXEMPLE I. *Combien 864 contient-il de fois 12 ?*

Si je savais combien de fois 864 contient 12, en prenant 12 ce nombre de fois, il est clair que je trouverais 864. Je connais donc un produit 864, l'un de ses facteurs 12, et je cherche l'autre : donc (59), j'ai une division à faire. Ainsi, *La division sert à trouver combien de fois un nombre en contient un autre.*

Nombre demandé　　$\frac{864}{12} = 72$ fois.

EXEMPLE II. *Combien aura-t-on de mètres de drap pour* 200 *francs, à* 25 *francs le mètre ?*

Pour 25 francs, on a un mètre ; pour 2 fois 25 francs, on en aura 2 ; pour 3 fois 25 francs, on en aura 3 ;... On aura donc autant de mètres qu'il y a de fois 25 francs dans 200 francs : donc (*Ex. I.*), divisons 200 par 25.

Nombre demandé　　$\frac{200}{25} = 8$ mètres.

SECOND USAGE. *Pour partager un nombre en parties égales*, on le divise par le nombre des parties, et le quotient est la valeur de chacune des parties demandées. Dans ce cas, les unités du quotient sont de même nature que celles du dividende.

EXEMPLE III. *Quelle est la huitième partie de 6432?*

Si je connaissais cette partie, en la multipliant par 8, je trouverais 6432. Je connais donc un produit 6432, l'un de ses facteurs 8, et je cherche l'autre : donc (59), j'ai une division à faire. Ainsi, *La division sert à partager un nombre en parties égales.*

$$\text{Partie demandée} \qquad \frac{6432}{8} = 804.$$

EXEMPLE IV. *Neuf pièces de drap de même qualité et de mêmes dimensions, ont coûté 8325 francs : quel est le prix de chacune?*

Il est évident que si l'on partage 8325 francs en 9 parties égales, chacune d'elles sera le prix d'une pièce : donc *(Ex. III)*, divisons 8325 par 9.

$$\text{Prix demandé} \qquad \frac{8325}{9} = 925 \text{ francs.}$$

TROISIÈME USAGE. *Pour convertir des unités d'une certaine espèce en unités d'une espèce supérieure,* On divise les unités données par le nombre qui marque combien il en faut pour composer l'unité immédiatement supérieure; le quotient donne ces unités supérieures, et le reste exprime des unités de l'espèce donnée. On réduit de même le quotient en unités de l'espèce supérieure, et l'on continue ainsi jusqu'à l'espèce à laquelle on veut s'arrêter.

EXEMPLE V. *Combien y a-t-il de jours, heures et minutes dans 8428 minutes?*

Pour faire une heure, il faut 60 minutes; donc, autant il y a de fois 60 en 8428, autant il y a d'heures en 8428 minutes : donc *(Premier usage)*, divisons 8428 par 60, ce qui nous donne 140 heures, avec un reste 28 minutes.

$$\begin{array}{l} 8428 \\ 242 \\ .28 \end{array} \left.\right) \begin{array}{l} 60 \\ \overline{140} \\ 20 \end{array} \left.\right) \begin{array}{l} 24 \\ \overline{5} \end{array}$$

Pour faire un jour, il faut 24 heures; donc, autant il y a de fois 24 en 140, autant il y a de jours en 140 heures : donc, divisons 140 par 24, ce qui nous donne 5 jours, avec un reste 20 heures.— Concluons que

$$8428 \text{ minutes} = 5 \text{ jours } 20 \text{ heures } 28 \text{ minutes.}$$

Nota. Ce dernier Exemple montre que le troisième usage de la division revient au premier. — On peut aussi remarquer, par les Exemples III et IV, que le second usage revient *à rendre un nombre donné un certain nombre de fois plus petit.*

CHAPITRE II. — Opérations fondamentales sur les Nombres décimaux.

Leçon I. — Numération des Nombres décimaux.

70. Les décimales *sont des quantités de dix en dix fois plus petites que l'unité.* — Pour les former, on a partagé l'unité en dix parties égales, qu'on appelle *dixièmes*, ou unités décimales du premier ordre; chaque dixième en dix parties égales, qu'on appelle *centièmes*, ou unités décimales du second ordre; chaque centième en dix parties égales, qu'on appelle *millièmes*, ou unités décimales du troisième ordre. En continuant ainsi, on forme de nouvelles unités décimales appelées *dix-millièmes, cent-millièmes, millionièmes,* etc.

71. D'après cette formation des décimales, l'unité vaut dix dixièmes, le dixième vaut 10 centièmes, le centième vaut 10 millièmes,... Ainsi, *Une unité décimale d'un ordre quelconque en vaut* DIX *de l'ordre immédiatement inférieur; et* DIX *unités décimales d'un ordre quelconque valent une unité de l'ordre immédiatement supérieur.*

72. Les dixièmes sont dix fois plus petits que les unités, comme les unités sont dix fois plus petites que les dizaines : c'est pourquoi *on écrit les dixièmes immédiatement à droite des unités.* Pour la même raison, on *écrit les centièmes immédiatement à droite des dixièmes, les millièmes à droite des centièmes, les dix-millièmes à droite des millièmes,* ... et l'on met *une virgule* entre le chiffre des unités et celui des dixièmes.

Ainsi, 2 *unités* 3 *dixièmes* 4 *centièmes* 5 *millièmes* 6 *dix-mil-*
lièmes se représentent par   2,3456 ;
et le nombre............   4,56789
représente 4 *unités* 5 *dixièmes* 6 *centièmes* 7 *millièmes* 8 *dix-*
millièmes 9 *cent-millièmes.*

73. On appelle *chiffres décimaux* d'un nombre, ou
simplement *décimales*, les chiffres qui représentent la
partie décimale ; un *nombre décimal* est celui qui renferme des décimales. — Ainsi, 5,6789 est un nombre
décimal ; il contient *quatre* décimales, ou quatre chiffres
décimaux.

Manière d'énoncer et d'écrire les Nombres décimaux.

74. Pour lire un nombre décimal, on peut *énoncer*
d'abord la partie entière (N° **25**) ; *puis la partie décimale,*
comme un nombre entier, en plaçant à la fin de l'énoncé
le nom de la dernière subdivision. — Ainsi, le nombre
6,789 peut s'énoncer : 6 *unités* 789 *millièmes.*

En effet, chaque dixième valant 10 centièmes, les 7 en valent
7 fois 10, ou 70, et 8 qu'il y a, cela fait 78 centièmes ; chaque
centième valant 10 millièmes, les 78 en valent 78 fois 10 ou 780,
et 9 qu'il y a, cela fait 789 millièmes : donc 6,789 valent 6 *unités*
789 *millièmes.*

75. Pour écrire un nombre décimal, *on écrit d'abord*
la partie entière, à la droite de laquelle on place une
VIRGULE ; *on écrit ensuite la partie décimale, en ayant soin*
de remplacer par des zéros les différents ordres qui peuvent
manquer. — La partie décimale s'écrit comme si elle
était un nombre entier (**24**) ; et l'on sait d'ailleurs qu'à
partir de la virgule, les dixièmes se représentent par
un seul chiffre ; les centièmes, par *deux* ; les millièmes,
par *trois* ; les dix-millièmes, par *quatre,* ... (**72**). —
Ainsi, le nombre

I.   4 *unités* 5 *dixièmes* 8 *centièmes,* s'écrit   4,58   (N° **72**).

II.   8 *unités* 43 *dix-millièmes,* s'écrit   8,0043   (N° **74**) ;
on met deux zéros entre la virgule et 43, car il faut quatre décimales pour représenter des dix-millièmes.

III. 3259 *centièmes,* s'écrit   32,59
car le 9 devant représenter des centièmes, le 5 est aux dixièmes,
et le 2 aux unités : donc (**72**), il faut placer la virgule entre le 2
et le 5.

Propriétés des Nombres décimaux.

76. *On ne change point la valeur d'une quantité décimale en ajoutant ou en supprimant des zéros à sa droite.*

En effet (26), en écrivant un zéro à la droite d'une quantité décimale, on rend le nombre des parties dix fois plus grand (par exemple, au lieu de 2,34, on a 2,340); mais ces nouvelles parties sont dix fois plus petites que les premières : donc, il y a compensation. Ainsi....   2,34   = 2,340.
   Pour la même raison,   2,340   = 2,3400;
                                 2,3400 = 2,34000;...
donc,   2,34   = 2,340   = 2,3400 = 2,34000 =...
donc aussi   2,34000 = 2,3400 = 2,340   = 2,34
ce qui montre qu'*On ne change point,* etc.

77. *Pour rendre un nombre décimal 10, 100, 1000,... fois* PLUS GRAND, *il suffit de transporter la virgule* VERS LA DROITE *d'autant de places qu'il y a de zéros à la suite de l'unité.*

78. *Pour rendre un nombre décimal 10, 100, 1000,... fois* PLUS PETIT, *il suffit de transporter la virgule* VERS LA GAUCHE *d'autant de places qu'il y a de zéros à la suite de l'unité.*

LEÇON 11. — Addition et Soustraction des Nombres décimaux.

79. Dans les nombres décimaux, comme dans les nombres entiers, *dix* unités d'un ordre quelconque forment une unité de l'ordre immédiatement supérieur (**71**) : c'est pourquoi, après avoir écrit les nombres les uns sous les autres de manière que les unités de même ordre se correspondent verticalement, *on fait l'addition et la soustraction des nombres décimaux comme celles des nombres entiers* (**35** et **43**); *et,* dans ces deux opérations, le résultat étant de même nature que les quantités sur lesquelles on a effectué les calculs, *on conserve la virgule dans la colonne où elle était.* — EXEMPLES,

I. *Trouver la somme des nombres* 84,39... 729,455... 7,1274... 1234,6... 0,9678.

On peut rendre le nombre des décimales le même dans tous les nombres donnés, en écrivant des zéros à la droite, ce qui ne change point la valeur de ces nombres (**76**). Ensuite, ayant posé les unités sous les unités, les dizaines sous les dizaines,... les dixièmes sous les dixièmes, les centièmes sous les centièmes,... je commence par les parties les plus petites : 4 *et* 8, 12 ; en 12 dix-millièmes, il y a 1 millième et 2 dix-millièmes : j'écris 2 sous les dix-millièmes, et je retiens 1 pour porter à la colonne des millièmes. J'opère sur celle-ci comme sur la première, et continuant jusqu'aux plus fortes unités, je trouve pour somme 2056,5402.

```
   84,3900
  729,4550
    7,1274
 1234,6000
    0,9678
 ─────────
 2056,5402
```

II. *Soustraire* 29,1264 *de* 123,45,

Je place deux zéros à la droite de 123,45, afin qu'il y ait le même nombre de décimales dans les deux nombres ; puis, commençant par la droite : 4 *de* 10, *reste* 6, que j'écris au-dessous. Ayant augmenté le nombre supérieur de 10 dix-millièmes, ou d'un millième, je dois augmenter le nombre inférieur de la même quantité ; c'est pourquoi je dis ; 1 *et* 3, 7, *de* 10, *reste* 3, etc., etc. — Le reste est 94,3236.

```
 123,4500
  29,1264
 ─────────
  94,3236
```

80. La preuve de l'addition et de la soustraction des nombres décimaux se fait comme celle des nombres entiers (**37** et **44**).

Leçon III. — **Multiplication et Division des Nombres décimaux.**

81. *Pour faire la multiplication des nombres décimaux, on opère comme s'ils étaient entiers ; puis, on sépare sur la droite du produit autant de décimales qu'il y en a dans les deux facteurs.* — Exemples.

I. *Trouver le produit de* 4,567 *par* 234.

Pour trouver le résultat, je multiplie 4567 par 234, ce qui me donne 1 068 678 ; séparant *trois* décimales, j'ai 1068,678 : c'est le produit demandé.

II. *Trouver le produit de 4,567 par 2,34.*

Pour trouver le résultat, je multiplie 4567 par 234, et séparant *cinq* décimales (car 3 décimales dans le multiplicande, et 2 dans le multiplicateur donnent 5 en tout), je trouve 10,68678 : c'est le produit demandé.

III. *Trouver le produit de 6,4568 par 0,003.*

Il faut multiplier 64568 par 3, ce qui donne 193704, et séparer *sept* décimales. Le nombre 193604 n'ayant que *six* chiffres, je mets un zéro à sa gauche, puis un autre zéro pour les unités, et j'ai 0,0193704 pour le produit demandé. — On agirait ainsi dans tous les cas semblables.

82. Deux cas principaux se présentent dans la division : Le quotient ne doit avoir aucune décimale, ou il doit en contenir un certain nombre.

PREMIER CAS. *Si le quotient ne doit avoir aucune décimale*, on rend le nombre des chiffres décimaux le même dans le dividende et dans le diviseur, en écrivant des zéros à la droite de celui de ces nombres qui en a le moins ; on supprime ensuite la virgule dans l'un et dans l'autre, puis on fait la division comme celle des nombres entiers, et l'on obtient le quotient demandé.

En effet, par la suppression de la virgule, on a multiplié le dividende et le diviseur par l'unité suivie d'autant de zéros qu'il y avait de décimales, ce qui ne change point la valeur du quotient.

EXEMPLE I. *Diviser 3429,52 par 9,3278, sans aucune décimale au quotient.*

Rendant le nombre des décimales le même, puis supprimant la virgule, j'ai 34 295 200 à diviser par 93 278, ce qui donne pour quotient 367, et pour reste 62174.—Ici, le dividende et le diviseur ont été multipliés par 10 000.

EXEMPLE II. $\dfrac{4567,974}{2,3} = \dfrac{4\,567\,974}{2\,300} = 1986$; reste 174.

Le dividende et le diviseur ont été multipliés par 1000.

SECOND CAS. *Pour calculer au quotient un certain nombre de décimales*, on prépare le dividende, en écrivant des zéros à sa droite, ou en y supprimant des chiffres, de manière qu'il contienne à lui seul autant de décimales qu'il y en a dans le diviseur et qu'on en demande au quotient. On fait ensuite la division, sans avoir égard à la virgule, et l'on sépare sur la droite du quotient le nombre de décimales demandé. — *Exemples.*

1. *Trouver, avec* TROIS *décimales, le quotient de* 1234,56 *par* 69,8.

Le diviseur contient *une* décimale, et le quotient doit en avoir *trois*; donc il faut que le dividende en ait *quatre* : comme il n'en a que *deux*, j'écris *deux* zéros à sa droite, puis je divise 12345600 par 698, ce qui me donne 17687; séparant trois décimales, j'ai 17,687 : c'est le quotient demandé.

II. *Trouver, avec* SEPT *décimales, le quotient de* 98,765 *par* 35.

Le diviseur n'ayant point de décimales, il suffit que le dividende en ait autant qu'on en veut au quotient, c'est-à-dire *sept*; comme il n'en a que *trois*, j'écris *quatre* zéros à sa droite, puis je divise 987650000 par 35, ce qui me donne 28218571. — Quotient demandé 2,8218571.

III. *Trouver, avec* DEUX *décimales, le quotient de* 59,1234567 *par* 4,5.

Le diviseur n'a qu'*une* décimale; on en demande *deux* au quotient; il suffit donc que le dividende en ait *trois* : c'est pourquoi je supprime les quatre dernières, et je divise 59123 par 45, ce qui me donne 1313. — Quotient demandé 13,13.

IV. *Trouver, avec* TROIS *décimales, le quotient de* 120 *par* 729.

Le diviseur n'ayant point de décimales, il suffit que le dividende en ait *trois* : j'écris donc *trois* zéros à sa droite, et je divise 120000 par 729, ce qui donne 164. — Quotient demandé 0,164

CHAPITRE III. — SYSTÈME MÉTRIQUE. — APPLICATIONS.

—

LEÇON I. — Préliminaires.

83. *Mesurer une quantité*, c'est chercher combien de fois elle contient une autre quantité, que l'on regarde comme connue, et qu'on prend pour *unité* (N° 3).

N. B. Certaines quantités ne se comparent pas *immédiatement* à leurs unités de mesure. Les surfaces, par exemple, sont de cette espèce : les dimensions, qui sont des longueurs, se mesurent avec l'unité de longueur; le calcul fait ensuite connaître le nombre d'unités superficielles que contiennent les surfaces.

84. Une quantité se mesure avec une autre quantité de *même espèce*. Ainsi, les longueurs se mesurent avec une autre longueur; les surfaces, avec une autre surface; les volumes, avec un autre volume; etc. Plusieurs unités différentes sont donc nécessaires pour les différents usages : leur réunion forme ce que l'on appelle un *système métrique*.

85. En France, le système métrique contient huit unités principales, savoir :

1° Pour les Longueurs......... le Mètre;
2° Pour les Surfaces.......... le Mètre carré, ou l'Are;
3° Pour les Volumes.... ..... le Mètre cube, ou Stère;
4° Pour les Capacités.......... le Litre;
5° Pour les Poids.............. le Gramme;
6° Pour les Monnaies.. .... le Franc;
7° Pour le Temps............. le Jour;
8° Pour les Arcs de cercle..... le Degré.

86. Ces unités ont besoin d'être *multipliées*, quand il s'agit de mesurer des quantités considérables; et il est nécessaire de les *diviser*, pour mesurer les petites quantités : de là, les *multiples* et les *sous-multiples* des unités principales (a).

87. La multiplication et la division décimales sont les plus simples. Aussi, pour former les noms des multiples, on a placé devant le nom de l'unité principale les mots *déca*, *hecto*, *kilo*, *myria*, qui signifient 10, 100, 1000, 10000;

et pour obtenir les noms des sous-multiples, on emploie les mots *déci*, *centi*, *milli*, qui signifient respectivement *dixième*, *centième*, *millième*, et qu'on place aussi devant le nom de l'unité principale.

D'après cela, Un myriamètre vaut   10 000 mètres;
Un kilogramme vaut   1000 grammes;
Un hectolitre vaut   100 litres;
Un décastère vaut   10 stères;
Un décimètre vaut   *un dixième* de mètre; etc.

Leçon 11. — Mesures de Longueurs.

88. Une *longueur* est la distance d'un point à un autre; on lui donne aussi le nom de *ligne*; et de là vient que les mesures de longueurs sont nommées *unités linéaires*.

89. L'unité principale de longueur est *le mètre*. Le MÈTRE *est la dix-millionième partie du quart du méridien terrestre.*

Les multiples du mètre sont :

Le Décamètre, qui vaut   10 mètres;
L'Hectomètre, qui vaut   100 mètres;
Le Kilomètre, qui vaut   1000 mètres;
Le Myriamètre, qui vaut   10 000 mètres.

(a) Chaque multiple contient un certain nombre de fois l'unité principale; et l'unité principale contient un certain nombre de fois chacun de ses sous-multiples. — Les multiples portent aussi le nom de *composés*, et les sous-multiples, ceux de *divisions* et de *subdivisions*.

Les sous-multiples du mètre sont :

Le Décimètre, qui vaut un dixième de mètre ($0^m,1$) ;
Le Centimètre, qui vaut un centième de mètre ($0^m,01$) ;
Le Millimètre, qui vaut un millième de mètre ($0^m,001$).

Le nombre 123456mèt.,789 contient donc 12 *myriam.* 3 *kilom.* 4 *hectom.* 5 *décam.* 6 *mètres*, 7 *décim.* 8 *centim.* 9 *millimèt.*; ou bien : 123 *kilom.* 456 *mèt.* 789 *millim.*; ou....

Réciproquement : Une longueur de 6 *myriam.* 8 *hectomètres* 47 *mètres* 9 *décimèt.* 3 *millimèt.*, se représente par 60847mèt.,903.

90. L'hectomètre, le kilomètre et le myriamètre servent à mesurer les grandes longueurs; par exemple, la distance d'une ville à une autre : on les nomme alors *mesures itinéraires*. — Le mètre et le décamètre s'emploient pour les longueurs moyennes, et les sous-multiples, pour les petites longueurs.

La figure ci-contre représente, en grandeur naturelle, *un décimètre* divisé en 10 centimètres, et en 100 millimètres.

LEÇON III. — Mesures de Surfaces.

91. On appelle *surface* ou *superficie*, un espace limité par des lignes ; elle a longueur et largeur, sans aucune épaisseur. Le dessus d'un plancher, par exemple, est une surface.

92. On mesure les surfaces au moyen de *carrés* qui ont pour côtés les diverses unités de longueurs (**89**). — *Un carré* est une surface limitée par quatre lignes ou *côtés* égaux, formant quatre *angles* droits. Telle est la figure ci-dessous.

93. On appelle *mètre carré*, un carré dont chaque côté est d'un mètre ; *un décimètre carré* est un carré dont chaque côté est d'un décimètre ; *un centimètre carré* est un carré dont chaque côté est d'un centimètre. — On voit aisément, d'après cela, ce qu'il faut entendre par un millimètre carré, un décamètre carré, un hectomètre carré, un kilomètre carré, un myriamètre carré.

94. *Pour calculer la surface d'un carré, il faut multiplier la longueur de son côté par elle-même.*

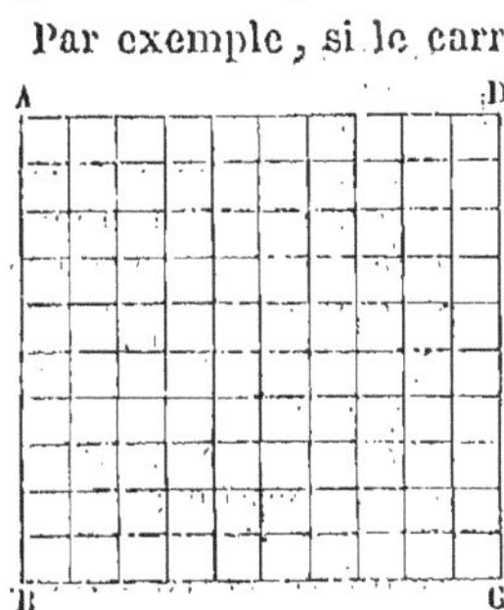

Par exemple, si le carré ABCD a 10 mètres de côté, sa surface est égale à 10.10, ou 100 mètres carrés. — En effet, partageons AD en dix parties égales, ainsi que AB : chaque partie sera d'un mètre. — Par chaque point de division de AD, menons une parallèle à AB, et le carré sera divisé en 10 bandes égales, ayant chacune 10 mètres de long, sur 1 mètre de large; puis, par chaque point de division de AB, menons une parallèle à AD, et chaque bande sera divisée en 10 carrés, ayant chacun 1 mètre de côté. — Ainsi (**93**), chaque bande contient 10 mètres carrés : donc, le carré ABCD contient 10 fois 10 mètres carrés, ce qui fait 100 mètres carrés.

95. L'unité principale des surfaces est *l'are*. L'ARE *est le décamètre carré*, c'est-à-dire (**93**) un carré de 10 mètres de côté : il vaut 10.10, ou 100 mètres carrés (**94**). — L'are, ses multiples et ses sous-multiples servent à mesurer les terrains, et s'appellent, pour cette raison, *mesures agraires.*

L'are n'a qu'un multiple : c'est *l'hectare*, qui n'est autre que l'hectomètre carré, c'est-à-dire un carré de 100 mètres de côté : *il vaut* 100.100, ou 10000 mètres carrés, et, par conséquent, 100 *ares.*

L'are n'a qu'un seul sous-multiple : *le centiare*, ou centième d'are, qui n'est autre que le mètre carré.

96. Le kilomètre carré et le myriamètre carré servent à mesurer les grandes surfaces, comme celles d'un département, d'une province, d'un royaume, etc.; on les nomme *mesures topographiques.*

97. Pour les petites surfaces, on prend pour unité *le mètre carré* (**93**), ou un de ses sous-multiples, c'est-à-dire le décimètre carré, le centimètre carré, ou le millimètre carré. — Le mètre valant 10 décimètres, ou 100 centimètres, ou 1000 millimètres, il s'ensuit que le mètre carré est un carré de 10 décimètres, ou de 100 centimètres, ou de 1000 millimètres de côté : donc (94) *un mètre carré* vaut

$$10.10 \quad = 100 \text{ décimètres carrés};$$
ou bien $\quad 100.100 \quad = 10\,000 \text{ centimètres carrés};$
ou encore $\quad 1000.1000 = 1\,000\,000 \text{ de millimètres carrés}.$

Ainsi, les décimètres carrés sont des *centièmes* de mètre carré, les centimètres carrés en sont des *dix-millièmes*, et les millimètres carrés, des *millionièmes*. Or (75), les centièmes se représentent par *deux* décimales; les dix-millièmes, par *quatre*; et les millionièmes, par *six* : donc, en prenant le mètre carré pour unité, *les décimètres carrés doivent se représenter par* DEUX *décimales*; *les centimètres carrés, par* QUATRE; *et les millimètres carrés, par* SIX. — Par exemple, 9 *mèt. carrés* 8 *décimèt. carrés* 39 *centimèt. carrés* 2 *millimèt. carrés* se représentent par $\quad 9^{\text{mm}},083902$.

N. B. On ne confondra donc pas le décimètre carré avec *le dixième* de mètre carré, le centimètre carré avec *le centième* de mètre carré, ni le millimètre carré avec *le millième* de mètre carré : ce que nous venons de dire, montre que ces quantités sont très-différentes.

Leçon IV. — Mesures de Volumes.

98. *Le volume* d'un corps quelconque est l'espace qu'il occupe; il a longueur, largeur et profondeur.

99. On mesure les volumes des corps au moyen de *cubes* qui ont pour côtés les unités de longueurs. — Un *cube* est un corps compris sous six carrés égaux : un *dé* à jouer est un cube.

100. On appelle *mètre cube*, un cube dont chaque côté est d'un mètre; *un décimètre cube* est un cube dont chaque côté est d'un décimètre; etc.

101. *Pour calculer le volume d'un cube, il faut former le produit de trois facteurs égaux à son côté.*

Par exemple, si le cube ABCDEFGH a 10 mètres de côté, son volume est égal à 10.10.10, ou 1000 mètres cubes. — En effet, partageons AF en 10 parties égales (chaque partie sera d'un mètre), et par chaque point de division, coupons le cube parallèlement à la face ABCD, nous aurons 10 tranches égales, ayant chacune 10 mètres de long, 10 mètres de large, et 1 mètre de haut. Cherchons donc le volume d'une tranche : en le multipliant par 10, nous aurons celui du cube.

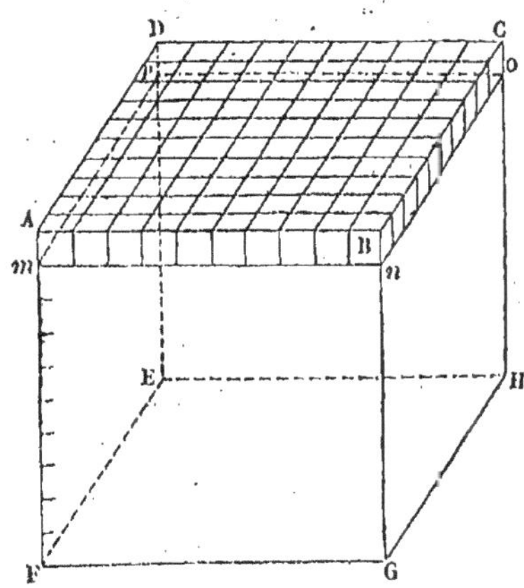

Partageons le côté AD en 10 parties égales, ainsi que AB (chaque partie sera d'un mètre) ; puis, par chaque point de division de AD, coupons le cube parallèlement à la face ABGF, et par chaque point de division de AB, coupons parallèlement à la face ADEF : chaque tranche, telle que ABCD*pmno*, se trouvera partagée en 100 cubes, ayant chacun 1 mètre de côté. — Chaque tranche contenant 100 mètres cubes, le cube total contient 10 fois 100 mètres cubes, ce qui fait 1000 mètres cubes.

102. L'unité principale des volumes est *le mètre cube* **(100)**. — Le mètre valant 10 décimètres, ou 100 centimètres, ou 1000 millimètres, il s'ensuit que le mètre cube est un cube de 10 décimètres, ou de 100 centimètres, ou de 1000 millimètres de côté : donc **(101)**, *un mètre cube* vaut

$$10.10.10 = 1000 \text{ décimètres cubes;}$$
ou bien $\quad 100.100.100 = 1\,000\,000$ de centimètres cubes;
ou encore $\quad 1000.1000.1000 = 1\,000\,000\,000$ de millimètres cubes.

Ainsi, les décimètres cubes sont des *millièmes* de mètre cube, les centimètres cubes en sont des *millionièmes*, et les millimètres cubes, des *billionièmes*. Or **(75)**, les millièmes se représentent par *trois* décimales; les millionièmes, par *six*; et les billionièmes, par *neuf* : donc, en prenant le mètre cube pour unité, *les décimètres cubes doivent se représenter par* TROIS *décimales; les centimètres cubes, par* SIX; *et les millimètres cubes, par* NEUF: — Par exemple, 8 mèt. cubes 45 décimèt. cubes 3 centim. cub. 279 mill. cubes se représentent par $\quad$ 8^{mmm},045 003 279.

N. B. On ne confondra donc pas les décimètres cubes avec les *dixièmes* de mètre cube, les centimètres cubes avec les *centièmes* de mètre cube, ni les millimètres cubes avec les *millièmes* de mètre cube : ce que nous venons de dire, montre que ces quantités sont très-différentes.

103. Pour les bois de chauffage, on emploie *le stère*, qui n'est autre que le mètre cube (**100**).

Le stère n'a qu'un multiple, *le décastère*, qui vaut 10 stères ; et un seul sous-multiple, *le décistère*, ou dixième de stère.

Remarquons que le stère n'est pas ordinairement employé sous la forme cubique : il a celle d'un châssis formé par une solive horizontale appelée *sole*, sur laquelle reposent deux *montants* espacés l'un de l'autre d'un mètre, et dont la hauteur varie avec la longueur des bûches. — C'est

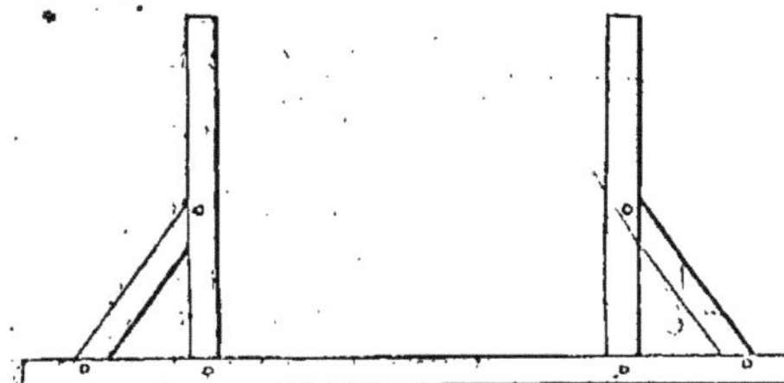

ce que représente la figure ci-dessus.

Il faut toujours que la longueur des bûches, multipliée par la hauteur du stère, donne 1 : par conséquent (**59**), *en divisant 1 par la longueur des bûches, on aura la hauteur du stère.* — Ex.

I. *Quelle doit être la hauteur du stère, lorsque les bûches n'ont que* 0^m,75 *de long?* — Rép. : 1^m,33 (N° **82**, 2° cas).

II. *Lorsque les bûches ont* 1^m,14 *de long, quelle doit être la hauteur du stère?* — Rép. : 0^m,88 à peu près.

Leçon V. — Mesures de Capacités.

104. Ce qu'on entend ici par *capacité*, c'est l'espace vide contenu dans un corps creux.

105. L'unité principale des capacités est le *litre*. Le LITRE *est une mesure contenant un décimètre cube.*

Les multiples du litre sont :

Le *Décalitre*, qui vaut　　　10 litres ;
L'*Hectolitre*, qui vaut　　　100 litres.

Les sous-multiples du litre sont :

Le Décilitre, qui vaut un dixième de litre (0ˡ,1);
Le Centilitre, qui vaut un centième de litre (0ˡ,01.)

106. Le litre, ses multiples et ses sous-multiples servent à mesurer les liquides et les matières sèches divisées. Dans le commerce, ces mesures sont des cylindres droits : pour les matières sèches, la profondeur est égale au diamètre, et il en est de même pour le lait et l'huile; mais, pour les liquides, la profondeur est double du diamètre. — Voici, en millimètres, les dimensions de ces mesures.

	Matières sèches.	**Liquides.**	
	Diam. = prof.	Diam.	Profond.
Hectolitre	503	399	798
Décalitre	233	185	371
Litre	108	86	172
Décilitre	50	40	80
Centilitre	23	19	37

Il est d'ailleurs évident que le litre contenant un décimètre cube, le décalitre en contient 10, et l'hectolitre, 100; et que le décimètre cube contenant 1000 centimètres cubes (**10ˡ, 100**), le décilitre en contient 100, et le centilitre, 10.

Leçon VI. — Mesures de Poids.

107. L'unité principale des mesures de poids est *le gramme*. LE GRAMME *est le poids d'un centimètre cube d'eau distillée, pesée dans le vide, à son maximum de densité.*

L'eau distillée est celle qui a été dégagée de tous les corps étrangers qu'elle contenait : c'est donc de l'eau parfaitement pure. *Le vide* est un lieu purgé d'air. *Le maximum de densité* de l'eau existe quand ses particules, qui s'écartent les unes des autres par l'action de la chaleur et de la glace, sont le plus rapprochées possible : le thermomètre centigrade marque alors environ 4 degrés au-dessus de zéro.

Les multiples du gramme sont :

Le décagramme, qui vaut   10 grammes;

L'hectogramme, qui vaut	100 grammes;
Le kilogramme, qui vaut	1000 grammes;
Le myriagramme, qui vaut	10000 grammes.

Les sous-multiples du gramme sont :

Le décigramme, ou dixième de gramme ($0^{gr},1$) ;
Le centigramme, ou centième de gramme ($0^{gr},01$) ;
Le milligramme, ou millième de gramme ($0^{gr},001$).

Pour les fortes pesées, on emploie *le quintal*, qui vaut 100 kilogrammes ; et *le millier, la tonne,* ou *le tonneau de mer,* qui vaut 1000 kilogrammes.

108. Le centimètre cube d'eau distillée pesant un gramme, le litre, qui contient 1000 centimètres cubes, pèse 1000 grammes, ou un kilogramme. De là, on conclut aisément que le décalitre d'eau distillée pèse un myriagramme ; l'hectolitre, un quintal ; le décilitre, un hectogramme ; le centilitre, un décagramme ; et aussi que le mètre cube d'eau distillée pèse un millier ; le décimètre cube, un kilogramme ; et le millimètre cube, un milligramme.

Ainsi, $1234^{lit},56$ d'eau distillée pèsent $1234^{kg},56$;
et $2^{mmm},345678912$ . . . . $2345^{kg},678^{gr},912.$

Leçon VII. — Unités monétaires.

109. *Les monnaies* sont des pièces de métal servant à déterminer le prix des objets.

110. L'unité principale des monnaies est *le franc.* LE FRANC *est une pièce d'argent pesant 5 grammes, et contenant les neuf dixièmes de son poids en argent pur, et l'autre dixième en cuivre.* — Le dixième de 5 grammes étant 5 décig., ou 50 cent., il s'ensuit que la pièce d'un franc contient 50 centigr. de cuivre, et, par conséquent, $4^{gr},50$ d'argent pur.

Le cuivre donne plus de dureté au métal, en même temps qu'il couvre les frais de fabrication.

Les multiples décimaux du franc ne sont pas en usage. Les sous-multiples sont

Le décime, qui vaut   un dixième de franc ($0^f,1$) :
Le centime, ...   un centième de franc ($0^f,01$) ;
Le millime, ...   un millième de franc ($0^f,001$) ;

mais ce dernier n'est qu'une monnaie de compte.

111. Notre système monétaire comprend trois sortes de pièces : celles *d'or*, celles *d'argent*, et celles de *bronze*. — A poids égal, et d'après la loi, l'or vaut 15 *fois et demie* plus que l'argent; et l'argent, 20 *fois* plus que le bronze.

Le poids des pièces d'argent se conclut aisément de celui d'un franc. — Pour calculer le poids des autres pièces, on dira :

$$5 \text{ grammes d'argent valent} \quad 1 \text{ franc :}$$

donc, 1°... 5 grammes d'or valent $\quad 15^{f},50$

et 1 gramme d'or vaut $\quad \dfrac{15,50}{5} = 3^{f},10$

donc, 2°... 5 grammes de bronze valent $\quad \dfrac{1^{f}}{20} = \dfrac{100^{c}}{20} = 0^{f},05$

et 1 gramme de bronze vaut $\quad 0^{f},01.$

Chaque pièce d'or pèse donc autant de grammes qu'elle vaut de fois $3^{f},10$; et chaque pièce de bronze pèse autant de grammes qu'elle vaut de centimes. Ainsi, on passera aisément de la valeur d'une pièce à son poids, et du poids d'une pièce à sa valeur. — Voici le tableau des pièces, avec leurs poids légaux en grammes, et leurs diamètres en millimètres.

	Valeurs.	Poids légaux.	Diamètres.
	100^{f}	32^{gr},258	35
	50	16 ,129	28
Or : 5 pièces	20	6 ,452	21
	10	3 ,226	19
	5	1 ,613	17
	5	25	37
	2	10	27
Argent : 5 pièces	1	5	23
	50 centimes	2 ,50	18
	20	1	15
	10 centimes	10	30
Bronze : 4 pièces	5	5	25
	2	2	20
	1	1	15

La pièce d'or de 40 fr. se trouve aussi dans la circulation, mais on ne la fabrique plus.

112. *Le titre* d'une masse quelconque de métal est le quotient qu'on trouve en divisant le poids du métal pur, ou *du fin*, par le poids total. — Toutes nos pièces d'or et d'argent sont au titre de 0,900. Ainsi, nos pièces, sur un gramme ou 1000 milligrammes, contiennent 900 milligrammes de fin, ou 100 milligrammes de cuivre.

LEÇON VIII. — **Mesures pour le Temps et le Cercle.**

113. Ces mesures ne sont point, comme les précédentes, fondées sur le mètre ; elles ne sont point non plus assujetties à la multiplication ni à la division *décimales*, ainsi qu'on va le voir.

114. Les mesures de durée, ou de temps, se déterminent sur le mouvement du soleil.

Le jour est l'intervalle qui s'écoule entre deux passages consécutifs du soleil au même méridien ; il se divise en 24 *heures*, l'heure en 60 *minutes*, la minute en 60 *secondes*, la seconde en 60 tierces.

L'année astronomique de $365^j 5^h 48^m 50^s$ est l'intervalle qui s'écoule entre deux passages consécutifs du soleil à un même équinoxe. — Pour *l'année civile*, on prend les 365 jours ; et, pour tenir compte des $5^h 48^m 50^s$, on fait de 366 jours les années dont le millésime est divisible par 4 : telles sont 1860, 1864, 1868. Mais les années séculaires ne sont de 366 jours que lorsque le nombre des *siècles* est lui-même divisible par 4 (*le siècle* est une période de 100 ans). Ainsi, 1600 a été de 366 jours ; mais 1700, 1800, n'ont été que de 365 jours. — Cet arrangement porte le nom de *Calendrier grégorien*.

Les années de 365 jours se nomment *années communes ;* celles de 366 jours s'appellent *années bissextiles*.

L'année se divise en 12 *mois*, qui sont :

Janvier, de 31 jours ;	*Juillet*, de 31 jours ;
Février, de 28, ou de 29 jours ;	*Août*, de 31 jours ;
Mars, de 31 jours ;	*Septembre*, de 30 jours ;
Avril, de 30 jours ;	*Octobre*, de 31 jours ;
Mai, de 31 jours ;	*Novembre*, de 30 jours ;
Juin, de 30 jours ;	*Décembre*, de 31 jours.

On compte aussi par *semaines*, ou périodes de sept jours, qui sont : *Dimanche, Lundi, Mardi*, etc.

115. La circonférence du cercle se divise en 360 *degrés*,

le degré, en 60 *minutes*, la minute, en 60 *secondes*,...
et l'on se sert des degrés, minutes, secondes,.... pour
mesurer les arcs et les angles.

LEÇON IX. — Remarques sur le Système métrique. — Problèmes.

116. Les doubles et les moitiés de plusieurs des mesures décimales sont aussi en usage, — ce qu'on a déjà
pu remarquer par le tableau, N° **111**, des pièces de
monnaies. — Ainsi, on emploie

Pour *les longueurs*, le demi-mètre, le double-décimètre;

Pour *les bois*, le demi-décastère, le double-stère;

Pour *les capacités*, le demi-hectolitre, le double-décalitre, le
demi-décalitre, et ainsi de suite, jusqu'au centilitre;

Pour *les poids*, le double-myriagramme, le demi-myriagramme,
le double-kilogramme, le demi-kilogramme, et ainsi de suite,
jusqu'au milligramme.

117. En théorie, l'unité est arbitraire; mais, en pratique, il n'en est pas toujours ainsi. Dans la résolution
des problèmes, on prend pour unité le multiple ou le
sous-multiple dont la valeur est donnée, et c'est après
le chiffre qui représente ce multiple ou ce sous-multiple
qu'il faut placer la virgule.

Si l'on demande, par exemple, *combien coûte une pièce de vin
de* 379 *litres à* 80 *francs l'hectolitre*, on prendra l'hectolitre pour
unité; car, autant la pièce contient d'hectolitres, autant elle
coûtera de fois 80 francs. Comme 379 litres = 3^{hl},79^{lit}, on posera
ainsi la question : *Combien coûte une pièce de vin de* 3^{hl},76^l *à* 80
francs l'hectolitre? — On pourrait aussi prendre le litre pour
unité; mais alors il faudrait calculer le prix du litre. Comme il
est de 0^f,80, lorsque l'hectolitre vaut 80 francs, la question se
poserait ainsi : *Combien coûte une pièce de vin de* 379 *litres, à*
0^f,80 *le litre?*

118. Les multiples et les sous-multiples des six premières unités de notre système métrique étant *décimaux*,
le calcul en est le même que celui des nombres entiers

et décimaux, lequel est déjà connu par les deux premiers chapitres de cet Ouvrage : nous nous bornerons donc à quelques problèmes sur ce sujet. — Quant aux deux dernières espèces de mesures (**114, 115**), nous en parlerons au chapitre des *Nombres complexes*.

PROBLÈME I. *Combien un myriamètre vaut-il d'hectomètres? — de décimètres? — de millimètres?*

Il faut 100 mètres pour faire un hectomètre (**89**); et le mètre vaut 10 décimètres ou 1000 millimètres : donc, *le myriamètre*, qui contient 10000 mètres, vaut

$$\tfrac{10000}{100} = 100 \text{ hectomètres (N° } \mathbf{69}, 3°);$$

ou bien $10000 \cdot 10 = 100\,000$ décimètres (N° **58**, 2°);

ou encore $10000 \cdot 1000 = 10\,000\,000$ de millimètres.

PROB. II. *Énoncer* $56789^{\text{mèt}},407$ *en myriam., hectom., mètres, centimèt. et millimètres.*

Rép. : 5 myriam. 67 hect. 89 mètres 40 centim. 7 millimètres.

PROB. III. *Trouver ce qu'est un centimètre à l'égard d'un kilomètre.*

Le kilomètre contient 1000 mètres, et le mètre 100 centimètres; donc, le kilomètre contient 1000 fois 100, ou 100000 centim. (**27**) : donc, *le centimètre est* LA CENT-MILLIÈME *partie du kilomètre*.

PROB. IV. *Combien le décimètre carré vaut-il de centimètres carrés? — de millimètres carrés?*

Le décimètre carré est un carré d'un décimètre, ou de 10 centimètres, ou de 100 millimètres de côté :

donc (**94**), $1^{\text{dd}} = 10 \cdot 10 = 100$ centimèt. carrés ;

ou bien $1^{\text{dd}} = 100 \cdot 100 = 10000$ millimèt. carrés.

PROB. V. *Comment faut-il énoncer* $8^{\text{mm}},765$?

Il faut dire : 8 mètres carrés 765 millièmes ; ou bien : 8 mèt. carrés 7650 centimèt. carrés (**76** et **97**).

PROB. VI. *Combien un décimètre cube vaut-il de centimètres cubes?*

Le décimètre cube est un cube d'un décimètre, ou de 10 centimètres de côté : donc (**104**)

$$1^{\text{ddd}} = 10 \cdot 10 \cdot 10 = 1000 \text{ centimètres cubes.}$$

PROB. VII. *Comment faut-il énoncer* 6^{mmm},5678 ?

Il faut dire : 6 mèt. cubes 5678 dix-millièmes; ou bien 6 mèt. cubes 567800 centimètres cubes (76 et 102).

PROB. VIII. *Un sac plein de pièces d'argent pèse 17 kilogrammes 622 gr. 50 cent.; vide, il ne pèse que 125 gram. Quelle somme renferme-t-il ?*

Du poids total 17^{kg}622^{gr},50, ou 17622^{gr},50, j'ôte d'abord les 125 grammes, poids du sac vide, et j'ai 17497^{gr},50 pour le poids de l'argent ; ensuite, comme 5 grammes d'argent valent 1 fr. (110), je divise 17497,50 par 5, et j'ai 3499^f,50 pour la somme demandée. — Ces deux opérations successives peuvent s'indiquer ainsi

$$\text{Somme demandée} = \frac{17622,50 - 125}{5} = 3499^f,50.$$

PROB. IX. *Combien coûteront 3 hect. 29 lit. de vin, à 80 fr. l'hectolitre ?*

L'hectolitre coûtant 80 francs, le litre coûtera 100 fois moins, ou 0^f,80 ; donc, 3^{hl},29, ou 329 litres, coûteront 329 fois 0^f,80 : donc

$$\text{Prix demandé :} \qquad 0,80 \times 329 = 263^f,20.$$

PROB. X. *Combien faut-il payer pour une terre de 5 hectares 8 ares, à 2^f,75 le mètre carré ?*

Il faut donner autant de fois 2^f,75 que la surface de cette terre contient de mètres carrés. Or (95), 5 hectares 8 ares = 508 ares, et 508 ares = 50800 mètres carrés : donc

$$\text{Prix demandé} \qquad 2,75 \times 50\,800 = 139\,700 \text{ francs.}$$

PROB. XI. *Un ouvrier a crépi quatre murs : la surface du premier est de 16 mètres carrés 936 centimètres carrés; celle du second est de 34 mètres carrés 25 décimèt. carrés; celle du troisième est de 234 mètres carrés 8716 centimèt. carrés, et celle du quatrième, de 678 mètres carrés 6 décimètres carrés. Trouver 1° combien il a crépi de mèt. carrés et centimètres carrés; 2° combien on lui doit, à 1^f,23 le mètre carré.*

Rép. 1°.... 16,0936 + 34,25 + 234,8716 + 678,06 = 963^{mm},2752.

Il reste à trouver combien on doit payer pour 963^{mm},2752, c'est-à-dire pour 9632752 centimètres carrés. Or, le mètre carré, ou 10000 centimèt. carrés, se paient 1^f,23 ; un centimètre carré se paie 10000 fois moins, ou 0^f,000123 : donc, 2° on doit à l'ouvrier

$$0,000123 \times 9\,632\,752 = 1184^f,83 \text{ à peu près.}$$

Ce résultat est bien le même que $\qquad 1,23 \times 963,2752$

que l'on a en multipliant le prix du mètre carré par le nombre de mètres carrés.

Prob. XII. *Une pièce de vin de Bordeaux pèse* 267^{kg},40, *tout compris. Sachant que le litre de ce vin pèse* 991 *gr., et que le fût vide pèse* 25 *kilogr., trouver combien la pièce contient de litres de vin.*

La quantité de vin pèse　　　267,40 — 25 = 242^{kg},40.

Elle contient donc autant de litres qu'il y a de fois 991 gram. dans 242^{kg},40, ou dans 242 400 grammes : donc (69, 1er *Usage*), il faut diviser 242 400 par 991 ; ce qui donne.

Quantité demandée　　　$\frac{242400}{991} = 244^{lit}$,6.

Prob. XIII. *Un marchand a reçu trois pièces de drap, qui lui coûtent respectivement* 312^f, 410^f, 518^f ; *la première est de* 25^m,40 ; *la seconde, de* 33^m,50 ; *la troisième, de* 42^m,25 : *elles sont, à fort peu près, de même qualité. S'il en donne* 4^m,30 *aux pauvres, combien doit-il revendre le mètre de ce qui lui reste pour gagner* 164^f *sur le tout ?*

Les trois pièces coûtent　　312 + 410 + 518 = 1240 fr.
Il devra les revendre　　　　　1240 + 164 = 1404 fr.
Il y avait en tout　　25,40 + 33,50 + 42,25 = 101^m,15.
Il n'y en a plus que　　　101,15 — 4,30 = 96^m,85,
qui doivent être revendus 1404 fr. : donc,
il doit revendre le mètre　　$\frac{1404}{96,85} = 14^f$,50 à peu près.

Toutes ces opérations peuvent s'indiquer brièvement ainsi

Prix du mètre　　$\frac{312+410+518+164}{25,4+33,5+42,25-4,3} = \frac{1404}{96,85} = 14^f$,50.

CHAPITRE IV. — Propriétés des Nombres entiers.

Leçon I. — Définitions préliminaires. — Caractères de Divisibilité.

149. On appelle *multiple* d'un nombre, le produit de ce nombre par un nombre entier quelconque.

Ainsi, 3 *fois* 8, ou 8.3, ou 24, est un multiple de 8.

Le produit d'un nombre par 2, s'appelle *double* ; par 3, *triple* ; par 4, *quadruple* ; par 5, *quintuple* ; par 6, *sextuple* ;... par 10, *décuple* ;... par 100, *centuple*. Tels sont les noms les plus usités.

120. On appelle *diviseur* (a) d'un nombre entier, tout nombre entier qui le divise sans reste ; on dit alors que le second nombre (le dividende) est *divisible* par le premier.

Ainsi, 8 est diviseur de 24 ; et 24 est divisible par 8.

121. On appelle *caractères de divisibilité* d'un nombre, les marques auxquelles on reconnaît que la division par ce nombre peut se faire sans reste.

122. *Un nombre est divisible par* 2, *quand le premier chiffre à droite est divisible par* 2.—Tels sont 24, 236, 470.

123. Un nombre divisible par 2, s'appelle *nombre pair* ; celui qui n'est pas divisible par 2, est un *nombre impair*.

124. *Un nombre est divisible par 3, quand la somme des valeurs absolues de ses chiffres est un multiple de* 3.

Tels sont 123 , 2538, 801.

125. *Un nombre est divisible par* 4 , *lorsque les* DEUX *premiers chiffres à droite représentent un nombre divisible par* 4.— Tels sont 428, 1860, 3596.

126. *Un nombre est divisible par* 5 , *lorsqu'il est terminé par* 0, *ou par* 5. — Tels sont 270, 915, 3035.

127. Comme $6 = 2.3$, tout nombre divisible par 6, l'est par 2 et par 3 : ainsi, *Pour qu'un nombre soit divisible par* 6, *il faut qu'il soit pair* (**123**), *et qu'en outre la somme de ses chiffres soit un multiple de* 3 (**124**). — Tels sont 126, 378, 5724.

128. *Un nombre est divisible par* 8 , *lorsque les* TROIS *premiers chiffres à droite représentent un nombre divisible par* 8.— Tels sont 2344, 97360, 75800.

129. *Un nombre est divisible par* 9 , *lorsque la somme des valeurs absolues de ses chiffres est un multiple de* 9.

Ainsi, 1233, 405, 67005, sont divisibles par 9.

(a) Dans ce cas, le diviseur s'appelle aussi *facteur, sous-multiple*, et *partie aliquote*,

130. *Un nombre est divisible par 10, lorsqu'il est terminé par un zéro.*— Tels sont 120, 900, 660.

131. *Un nombre est divisible par 11, quand la somme des chiffres de rang pair égale la somme des chiffres de rang impair, ou que la différence de ces deux sommes est un multiple de 11.*

Ainsi, 234 564 est divisible par 11, ce qu'on reconnaît à ce que 4 + 5 + 3, somme des chiffres de rang impair, = 6 + 4 + 2, somme des chiffres de rang pair.

132. Comme 12 = 3.4, tout nombre divisible par 12, l'est par 3 et par 4 : ainsi, *Pour qu'un nombre soit divisible par 12, il faut que la somme de ses chiffres soit un multiple de 3 (N° 124), et qu'en outre le nombre représenté par les* DEUX *premiers chiffres à droite, soit divisible par 4 (N° 125).*— Tels sont 120, 660, 9708.

LEÇON II. — Nombres premiers. — Facteurs premiers d'un Nombre.

133. On appelle *nombre premier*, un nombre entier qui n'est divisible que par lui-même et par l'unité ; tout autre nombre entier est dit *composé*. Par exemple, 5 n'étant divisible ni par 2, ni par 3, ni par 4, est un nombre premier ; mais 6, qui est divisible par 2 et par 3, est un nombre composé.

134. Les nombres premiers compris entre 1 et 200, sont les suivants.

2, 3, 5, 7, 11, 13, 17, 19, 23, 29, 31, 37, 41, 43, 47, 53, 59, 61, 67, 71, 73, 79, 83, 89, 97, 101, 103, 107, 109, 113, 127, 131, 137, 139, 149, 151, 157, 163, 167, 173, 179, 181, 191, 193, 197, 199.

135. Les *facteurs* ou diviseurs *premiers* d'un nombre entier sont tous les nombres premiers par lesquels ce nombre entier est divisible.

136. Pour trouver tous les facteurs premiers d'un nombre, on le divise successivement, lui et les quotients successifs obtenus, par la série des nombres premiers 2, 3, 5, 7, 11,... en effectuant la division par chacun de ces nombres autant de fois qu'elle est possible : on finit par trouver un quotient égal à l'unité. Alors, tous les nombres premiers différents que l'on a employés, sont les facteurs demandés. — Si l'on donne ensuite à chaque facteur premier respectif, un exposant égal au nombre de fois qu'il a été employé comme diviseur, on a les *facteurs simples*, dont le produit donne le nombre proposé. — *Exemple.*

Trouver tous les facteurs premiers de 2520.

Ce nombre est divisible par 2 (N° **122**). Effectuant la division autant de fois qu'elle est possible, j'obtiens successivement 1260, 630, 315; donc $2520 = 2.2.2.315 = 2^3.315$ (49 et **59**).

	2520
2....	1260
2....	630
2....	315
3....	105
3....	35
5....	7
7....	1

315 est divisible par 3 (**124**), et donne successivement 105 et 35; ainsi, $315 = 3.3.35 = 3^2.35$: donc, $2520 = 2^3.3^2.35$.

Divisant 35 par 5, j'ai 7, qui, divisé par 7, donne 1; ainsi, $35 = 5.7$: donc, $2520 = 2^3.3^2.5.7$.

Pour arriver à l'unité, j'ai divisé 2520 par 2, par 3, par 5 et par 7 : donc, *les facteurs premiers de* 2520 *sont* 2, 3, 5 *et* 7.—Mais, parce que j'ai divisé *trois* fois par 2, *deux* fois par 3, *une* fois par 5, et *une* fois par 7, *les facteurs simples* du même nombre sont 2^3, 3^2, 5 et 7. En effet, $2^3.3^2.5.7 = 2520$.

Leçon III. — **Trouver le plus petit Multiple de plusieurs Nombres.**

137. *Le plus petit multiple* de plusieurs nombres est le plus petit nombre qui les puisse contenir tous exactement.

138. Pour trouver le plus petit multiple de plusieurs nombres entiers, on décompose chacun d'eux en ses facteurs premiers (**136**); puis, on forme le produit de tous ces facteurs premiers élevés respectivement à la plus haute des puissances auxquelles ces facteurs se trouvent élevés dans les différents nombres proposés. Le produit ainsi formé est le multiple demandé.

Nota. Si un des nombres proposés est exactement contenu dans l'un des autres, il est inutile de le décomposer en facteurs, car tout multiple du second nombre est multiple du premier.

EXEMPLE I. *Trouver le plus petit multiple de 24, 48, 72.*

Comme 24 est exactement contenu dans 48, je décompose seulement 48 et 72. — Je trouve $48 = 24.3$, et $72 = 2^3.3^2$. — Ainsi, les seuls facteurs premiers contenus dans les trois nombres donnés sont 2 et 3 ; et comme la plus haute puissance de 2 est la 4e, et que la plus haute de 3 est la 2e, il s'ensuit que le plus petit multiple demandé est $24.3^2 = 144$.

EXEMPLE II. *Trouver le plus petit multiple des quatre nombres 30, 60, 99, 200.*

On a $60 = 2^2.3.5$; $99 = 3^2.11$; $200 = 2^3.5^2$: donc, le plus petit multiple est $2^3.3^2.5^2.11 = 19\,800$.

Inutile de décomposer 30, qui est contenu dans 60.

LEÇON IV. — Calcul du plus grand commun Diviseur.

139. On appelle *diviseur commun* de plusieurs nombres entiers, un nombre entier qui les divise tous exactement.

Par exemple, 3 divisant exactement 24 et 36, est diviseur commun de ces deux nombres.

140. *Le plus grand commun diviseur* de plusieurs nombres est le plus grand de tous leurs diviseurs communs.

Par exemple, les diviseurs communs à 24 et à 36, étant 2, 3, 4, 6, 12, il s'ensuit que 12 est le plus grand commun diviseur des deux nombres 24 et 36.

141. *Pour trouver le plus grand commun diviseur de deux nombres, on divise le plus grand par le plus petit, le plus petit par le premier reste, le premier reste par le second, et ainsi de suite, jusqu'à ce que la division se fasse sans reste :* LE DERNIER DIVISEUR *est le plus grand commun diviseur cherché.* — EXEMPLES.

I. *Calculer le PGCD entre* 360 *et* 84 (a).

	4	3	2
360	84	24	12
24	12	0	

Je divise 360 par 84; j'écris le quotient 4 au-dessus du diviseur, et le reste 24 sous le dividende. Je divise ensuite 84 par le premier reste 24, puis le premier reste par le second 12 : le nouveau reste étant 0, il s'ensuit que 12 est le PGCD demandé.

II. Le PGCD entre 5652 et 2448 est .... 36.
III. Le PGCD entre 1393 et 972 est........... 1.

142. Quand on trouve 1 pour PGCD, on dit que les deux nombres sont *premiers entre eux*; mais souvent ils ne sont premiers ni l'un ni l'autre. — Ainsi, 1393 et 972 sont premiers entre eux.

143. Pour trouver le PGCD de plus de deux nombres, on cherche le PGCD entre deux de ces nombres (**141**); puis, le PGCD entre le résultat et un troisième nombre; ensuite, le PGCD entre le nouveau résultat et un quatrième nombre, et ainsi de suite, jusqu'à ce qu'on ait employé tous les nombres proposés. Le dernier PGCD est le résultat cherché. — *Exemple.*

Trouver le PGCD des nombres 144, 216, 352 *et* 996.

Le PGCD entre 144 et 216 est............... 72;
Le PGCD entre 72 et 352 est............... 8;
Le PGCD entre 8 et 996 est............... 4 :

ainsi, 4 est le plus grand commun diviseur demandé.

CHAPITRE V. — OPÉRATIONS SUR LES FRACTIONS
ET SUR LES NOMBRES FRACTIONNAIRES.

LEÇON I. — **Origine des Fractions. — Définitions, Notations.**

144. UNE FRACTION *est généralement une ou plusieurs parties de l'unité divisée en plusieurs parties égales.*

(a) Pour abréger, j'écris PGCD pour *Plus grand commun diviseur*.

Par exemple, si on partage le mètre en *cinq* parties égales, et qu'on prenne une, 2, 3, ou 4 de ces parties, on aura une fraction de mètre.

145. Deux nombres sont nécessaires pour représenter une fraction; car il en faut un, qu'on appelle *numérateur*, qui marque combien elle contient de parties de l'unité; et il en faut un autre, qu'on nomme *dénominateur*, qui marque la grandeur de ces parties, en faisant connaître en combien de parties égales l'unité est divisée : ces deux nombres s'appellent, d'un nom commun, *termes* de la fraction.

146. Lorsqu'on partage l'unité en 2, 3, 4, 5, 6, 7,... parties égales, les parties se nomment respectivement *demies, tiers, quarts, cinquièmes, sixièmes, septièmes,...* d'où il suit que pour faire une unité, il faut 2 demies, ou 3 tiers, ou 4 quarts, ou 5 cinquièmes, ou 6 sixièmes, ou 7 septièmes,...

147. Pour *écrire* une fraction, on est convenu de placer le dénominateur au-dessous du numérateur, en interposant une barre; et pour la *lire*, on énonce d'abord le numérateur, ensuite le dénominateur, en donnant à celui-ci la terminaison *ième*, excepté le cas où il est 2, 3, 4, car alors on dit *demi, tiers, quarts* (146).

Si donc une quantité est composée de 5 des parties de l'unité divisée en 8 parties égales, on la représentera par $\frac{5}{8}$, qu'on énonce *cinq huitièmes;* et si l'on demande ce que signifie $\frac{3}{4}$ *(trois quarts),* il faut dire que « cette fraction représente une quantité composée de 3 des parties de l'unité divisée en 4 parties égales. »

148. *Une fraction représente* aussi *le quotient qu'on trouve en divisant le numérateur par le dénominateur.*

Ainsi, $\frac{5}{8}$ est le quotient de 5 divisé par 8.

149. Lorsque la division donne un reste, on complète le quotient en y ajoutant une fraction ayant le reste pour numérateur, et le diviseur pour dénominateur.

Car, en divisant 23 par 5, par exemple, on a 4 pour la partie entière du quotient, et il reste 3; or, 3 divisé par 5, donne $\frac{3}{5}$ (N° **148**) : donc, le quotient complet est $4\frac{3}{5}$.

150. Un nombre entier joint à une fraction forme un nombre fractionnaire (5). Tel est $4\frac{3}{5}$.

LEÇON II. — Opérations préliminaires sur les Fractions.

151. *Si une quantité est écrite sous la forme d'une fraction,*

1° *Elle est* MOINDRE *que l'unité*, si le numérateur est PLUS PETIT que le *dénominateur*, car elle contient moins de parties qu'il n'en faut pour faire l'unité. Telles sont $\frac{2}{3}$, $\frac{3}{7}$, $\frac{5}{9}$.

2° *Elle est* ÉGALE *à l'unité*, si le *numérateur est* ÉGAL *au dénominateur*, car elle contient alors précisément autant de parties qu'il en faut pour faire l'unité. Telles sont $\frac{2}{2}$, $\frac{7}{7}$, $\frac{42}{42}$.

3° *Elle est* PLUS GRANDE *que l'unité*, si le *numérateur* SURPASSE *le dénominateur*, car, dans ce troisième cas, elle contient plus de parties qu'il n'en faut pour faire l'unité. Telles sont $\frac{3}{2}$, $\frac{7}{5}$, $\frac{123}{9}$.

152. Pour extraire les entiers renfermés dans une fraction dont le numérateur surpasse le dénominateur, il faut diviser le numérateur par le dénominateur : le quotient complet (N° **149**) donne la quantité cherchée. — Ainsi, $\frac{43}{9}$, $= 4\frac{7}{9}$.

153. Pour réduire un nombre entier en fraction, on le multiplie par le dénominateur indiqué, et l'on donne au produit le même dénominateur. — Ainsi, 8 unités $= \frac{72}{9}$.

154. Pour réduire un nombre fractionnaire en une seule fraction, on multiplie l'entier par le dénominateur de la fraction, on ajoute au produit le numérateur, et l'on donne à la somme le dénominateur de la fraction. — Ainsi, $4\frac{7}{9} = \frac{43}{9}$.

LEÇON III. — Réduction des Fractions à leur plus simple expression.

155. *Une fraction est à sa plus simple expression,* lorsque ses deux termes ne sont pas divisibles par un même nombre entier. On dit alors qu'elle est *irréductible,* c'est-à-dire qu'elle ne peut s'exprimer en termes plus simples.

156. Pour réduire une fraction à sa plus simple expression,

1° On peut *diviser successivement les deux termes par les nombres premiers* (134), en commençant par les plus simples (122, 124, 126, 131) : l'opération est terminée, quand on aurait à essayer un diviseur plus grand que le numérateur ;

2° On peut encore *diviser les deux termes par leur plus grand commun diviseur* (141) : les quotients sont alors le numérateur et le dénominateur de la fraction réduite à sa plus simple expression.

Le second moyen est avantageux dans le cas où les termes sont des nombres plus ou moins considérables, dont on n'aperçoit pas aisément les diviseurs communs.

EXEMPLE I. *Trouver la plus simple expression de* $\frac{2772}{6468}$,

On a $\qquad \frac{2772}{6468} = \frac{1386}{3234} = \frac{693}{1617} = \frac{231}{539} = \frac{33}{77} = \frac{3}{7}.$

Pour arriver au résultat $\frac{3}{7}$, j'ai divisé deux fois par 2, une fois par 3, une fois par 7, et une fois par 11.

EXEMPLE II. *Trouver la plus simple expression de* $\frac{84847}{157873}$.

Je cherche le PGCD des deux termes, et je trouve 12121. Or, 84847 divisé par 12121, donne 7 ; et 157873 divisé par 12121, donne 13 : donc, fraction réduite, $\frac{7}{13}$.

LEÇON IV.— **Réduction des Fractions au même Dénominateur.**

157. Pour réduire des fractions au même dénominateur, on peut, s'il n'y en a que deux, multiplier les deux termes de la première par le dénominateur de la seconde, et les deux termes de la seconde par le dénominateur de la première; et, s'il y en a un plus grand nombre, multiplier les deux termes de chacune par le produit des dénominateurs de toutes les autres. — *Exemples.*

I. *Réduire au même dénominateur* $\frac{3}{4}$ *et* $\frac{5}{7}$.

Je multiplie les deux termes de $\frac{3}{4}$ par 7, et les deux termes de $\frac{5}{7}$ par 4; j'ai $\frac{21}{28}$ et $\frac{20}{28}$, ce qui s'indique ainsi.

$$\frac{3}{4} = \frac{3\cdot7}{4\cdot7} = \frac{21}{28}, \qquad \frac{5}{7} = \frac{5\cdot4}{7\cdot4} = \frac{20}{28}$$

II. *Réduire au même dénominateur* $\frac{1}{3}$, $\frac{4}{9}$, $\frac{11}{13}$, $\frac{15}{19}$.

Rép. $\frac{1\cdot9\cdot13\cdot19}{3\cdot9\cdot13\cdot19}$, $\frac{4\cdot3\cdot13\cdot19}{9\cdot3\cdot13\cdot19}$, $\frac{11\cdot3\cdot9\cdot19}{13\cdot3\cdot9\cdot19}$, $\frac{15\cdot3\cdot9\cdot13}{19\cdot3\cdot9\cdot13}$,

c'est-à-dire, $\frac{2223}{6669}$, $\frac{2964}{6669}$, $\frac{5643}{6669}$, $\frac{5265}{6669}$.

158. Mais il est généralement préférable de chercher le plus petit multiple de tous les dénominateurs proposés (**138**), et de le prendre pour dénominateur commun. Divisant ce dénominateur commun par chacun des dénominateurs donnés, on a autant de quotients qu'on place au-dessous des fractions proposées : alors, multipliant les numérateurs, chacun par le quotient qui lui correspond, on a les numérateurs cherchés auxquels on donne le dénominateur commun. — *Exemple.*

Réduire au même dénominateur $\frac{17}{18}$, $\frac{11}{24}$, $\frac{19}{36}$, $\frac{41}{48}$, $\frac{19}{32}$.

On a $\qquad 36 = 2^2\cdot3^2, \qquad 48 = 2^4\cdot3, \qquad 32 = 2^5,$

D'ailleurs, 18 est contenu dans 36, et 24 dans 48; donc, le plus petit multiple des dénominateurs donnés $= 2^5\cdot3^2 = 288$: c'est le dénominateur commun le plus simple. Je le divise tour à tour par les dénominateurs, 18, 24, 36, 48, 32, et je trouve 16, 12, 8, 6, 9. — J'achève comme il vient d'être dit.

Fractions proposées...	$\frac{17}{18}$,	$\frac{11}{24}$,	$\frac{19}{36}$,	$\frac{41}{48}$,	$\frac{19}{32}$;
Quotients............	16,	12,	8,	6,	9
Fractions cherchées...	$\frac{272}{288}$,	$\frac{132}{288}$,	$\frac{152}{288}$,	$\frac{246}{288}$,	$\frac{171}{288}$.

Leçon V. — Addition des Fractions.

159. Pour faire l'addition des fractions, *on les réduit au même dénominateur ; on ajoute ensuite tous les numérateurs ensemble, et l'on donne à la somme le dénominateur commun ;* puis, on extrait les entiers, s'il y en a **(152)**.

Exemple I. *Ajouter ensemble* $\frac{3}{7}, \frac{4}{7}, \frac{5}{7}, \frac{6}{7}$.

Somme des numérateurs $3 + 4 + 5 + 6 = 18$:

donc, somme demandée $\frac{18}{7} = 2\frac{4}{7}$.

Il n'y a point ici de réduction préparatoire, parce que toutes les fractions données ont le même dénominateur.

Exemple II. *Ajouter ensemble* $\frac{1}{2}, \frac{1}{3}, \frac{3}{4}, \frac{2}{5}, \frac{5}{6}, \frac{7}{8}$.

Dénominateur commun $2^3.3.5 = 120$ **(N° 158)**.

Fractions réduites $\frac{60}{120}, \frac{40}{120}, \frac{90}{120}, \frac{48}{120}, \frac{100}{120}, \frac{105}{120}$;

somme des numérateurs $60 + 40 + 90 + 48 + 100 + 105 = 443$:

donc, somme demandée $\frac{443}{120} = 3\frac{83}{120}$.

160. Pour faire l'addition, lorsqu'il y a des entiers joints aux fractions, on commence par faire l'addition des fractions **(159)** ; on extrait les entiers de la somme, et on les joint aux entiers proposés, sur lesquels on opère comme sur les nombres entiers ordinaires **(35)**. — *Exemple.*

Ajouter ensemble $12\frac{1}{2}, 49\frac{3}{4}, 8\frac{7}{9}, 15\frac{1}{3}$.

$$12\frac{1}{2} = 12\frac{18}{36}$$
$$49\frac{3}{4} = 49\frac{27}{36}$$
$$8\frac{7}{9} = 8\frac{28}{36}$$
$$15\frac{1}{3} = 15\frac{12}{36}$$

Somme... $86\frac{13}{36}$

Je réduis les fractions $\frac{1}{2}, \frac{3}{4}, \frac{7}{9}, \frac{1}{3}$, au même dénominateur, et je trouve $\frac{18}{36}, \frac{27}{36}, \frac{28}{36}, \frac{12}{36}$, **(N° 158)**, dont la somme est $\frac{85}{36}$, ou $2\frac{13}{36}$; j'écris $\frac{13}{36}$, et je retiens 2. Je dis ensuite : 2 de retenue, et 2, 4, et 9, 13, et 8, 21, et 5, 26 : je pose 6, etc. — Somme demandée, $86\frac{13}{36}$.

Leçon VI. — Soustraction des Fractions.

161. Pour faire la soustraction des fractions, *on les réduit au même dénominateur ; puis, on retranche le plus petit numérateur du plus grand, et l'on donne au reste le dénominateur commun.*

EXEMPLE I. *Retrancher $\frac{3}{8}$ de $\frac{3}{5}$.*

Reste. . . . . $\frac{3}{5} - \frac{3}{8} = \frac{24}{40} - \frac{15}{40} = \frac{9}{40}$.

EXEMPLE II. $\frac{7}{8} - \frac{5}{12} = \frac{21}{24} - \frac{10}{24} = \frac{11}{24}$.

162. Pour faire la soustraction, *lorsqu'il y a des entiers joints aux fractions, on commence par faire la soustraction des fractions* (**161**) ; *on fait ensuite celle des entiers* (**43**).

Si, après la réduction au même dénominateur, la fraction du plus grand nombre a le plus petit numérateur, on l'augmente d'une unité entière, ce qui revient à augmenter le numérateur de son dénominateur ; et, pour tenir compte de cette augmentation, on ajoute 1 au plus petit nombre entier.

Si le plus grand nombre est entier, on y joint une unité réduite en fraction de même espèce que celle du plus petit nombre ; et, pour compensation, on ajoute 1 au plus petit nombre entier.

EXEMPLE I. *De $129\frac{2}{3}$, retrancher $84\frac{1}{2}$.*

$129\frac{2}{3} = 129\frac{4}{6}$
$84\frac{1}{2} = 84\frac{3}{6}$
——————
Reste. . . . $45\frac{1}{6}$.

Réduisant les fractions au même dénominateur, j'ai $\frac{4}{6}$ et $\frac{3}{6}$. Je retranche donc $\frac{3}{6}$ de $\frac{4}{6}$, puis 84 de 129, et je trouve pour résultat $45\frac{1}{6}$.

EXEMPLE II. *De $604\frac{1}{3}$, retrancher $292\frac{3}{5}$.*

$604\frac{1}{3} = 604\frac{5}{15}$
$292\frac{3}{5} = 292\frac{9}{15}$
——————
Reste. . . . $311\frac{11}{15}$.

Les nombres proposés reviennent à $604\frac{5}{15}$ et $292\frac{9}{15}$. De $\frac{5}{15}$, je ne puis ôter $\frac{9}{15}$; c'est pourquoi j'augmente $\frac{5}{15}$ d'une unité entière, ou de $\frac{15}{15}$, ce qui me donne $\frac{20}{15}$; ôtant $\frac{9}{15}$, il reste $\frac{11}{15}$. J'ai ainsi augmenté le plus grand nombre d'une unité : pour compensation, j'augmente aussi le plus petit nombre d'une unité. Je dis donc : 3 de 4, reste 1 ; etc.

EXEMPLE III. *De 278, retrancher* $135\frac{4}{7}$.

278

$135\frac{4}{7}$

Reste $142\frac{3}{7}$

Le plus grand nombre étant entier, j'y ajoute une unité entière qui vaut $\frac{7}{7}$; ôtant $\frac{4}{7}$, il reste $\frac{3}{7}$. J'augmente aussi le plus petit nombre d'une unité. C'est pourquoi je dis : 6 de 8, reste 2; etc.

LEÇON VII. — Multiplication des Fractions. — Fractions de Fractions.

163. *Pour multiplier une fraction par un nombre entier, il suffit de multiplier le numérateur par ce nombre entier, sans changer le dénominateur.*

EXEMPLE I. $\frac{2}{3} \times 5 = \frac{2 \cdot 5}{3} = \frac{10}{3} = 3\frac{1}{3}$ **(152)**.

EXEMPLE II. $\frac{7}{12} \times 9 = \frac{7 \cdot 9}{12} = \frac{63}{12} = 5\frac{3}{12}$, ou $5\frac{1}{4}$ **(156)**.

EXEMPLE III. $\frac{7}{8} \times 8 = \frac{7 \cdot 8}{8} = 7$ **(59)**.

164. *Pour multiplier un nombre entier par une fraction, on le multiplie par le numérateur, et l'on donne au produit le dénominateur de la fraction.*

EXEMPLE I. $5 \times \frac{2}{3} = \frac{5 \cdot 2}{3} = \frac{10}{3} = 3\frac{1}{3}$.

EXEMPLE II. $9 \times \frac{7}{12} = \frac{9 \cdot 7}{12} = \frac{63}{12} = 5\frac{3}{12}$, ou $5\frac{1}{4}$.

EXEMPLE III. $8 \times \frac{7}{8} = \frac{8 \cdot 7}{8} = 7$.

165. *Pour multiplier une fraction par une fraction, il faut multiplier numérateur par numérateur, et dénominateur par dénominateur, puis donner le second produit pour dénominateur au premier.*

EXEMPLE I. $\frac{1}{2} \times \frac{3}{4} = \frac{1 \cdot 3}{2 \cdot 4} = \frac{3}{8}$.

EXEMPLE II. $\frac{2}{3} \times \frac{1}{2} = \frac{2 \cdot 1}{3 \cdot 2} = \frac{1}{3}$ **(156)**.

166. S'il y a des entiers joints aux fractions, on réduit chaque facteur fractionnaire en une seule fraction **(154)**; puis, on opère comme nous venons de le dire **(163 et suiv.)**. — *Exemples.*

I. $6\frac{2}{5} \times 20 = \frac{32}{5} \times 20 = \frac{32 \cdot 20}{5} = 128$ **(163)**.

II. $25 \times 3\frac{2}{7} = 25 \times \frac{23}{7} = \frac{25 \cdot 23}{7} = 82\frac{1}{7}$ **(164)**.

III. $8\frac{1}{2} \times 7\frac{3}{4} = \frac{17}{2} \times \frac{31}{4} = \frac{17 \cdot 31}{2 \cdot 4} = 65\frac{7}{8}$ **(165)**.

167. On appelle *fraction de fraction*, une ou plusieurs parties d'une fraction divisée en parties égales.

Par exemple, *la moitié de* $\frac{6}{7}$ est une fraction de fraction ; il en est de même des $\frac{2}{3}$ *de* $\frac{3}{4}$; des $\frac{2}{5}$ *des* $\frac{3}{7}$ *de la moitié du tiers de* $\frac{5}{8}$;... En général, les fractions de fractions se reconnaissent à ce qu'elles forment une suite de fractions séparées par les mots *de, du, de la, des.*

168. *Pour évaluer les fractions de fractions, il suffit de former le produit de toutes les fractions proposées* (**165**).

EXEMPLE I. *Les* $\frac{2}{3}$ *de* $\frac{3}{4} = \frac{3}{4} \times \frac{2}{3} = \frac{3 \cdot 2}{4 \cdot 3} = \frac{2}{4} = \frac{1}{2}.$

Ex. II. *La moitié du tiers de* $\frac{7}{8} = \frac{7}{8} \times \frac{1}{3} \times \frac{1}{2} = \frac{7}{48}.$

Ex. III. *Les* $\frac{2}{5}$ *des* $\frac{3}{4}$ *des* $\frac{2}{3}$ *de* $\frac{5}{8} = \frac{5}{8} \times \frac{2}{3} \times \frac{3}{4} \times \frac{2}{5} = \frac{1}{8}.$

Pour arriver au résultat $\frac{1}{8}$, j'ai divisé les deux termes par 5, 3, et 2.2 ou 4, en supprimant ces facteurs au numérateur et au dénominateur.

169. *Pour évaluer une fraction d'un nombre quelconque, il suffit de multiplier ce nombre par la fraction.*

EXEMPLE I. Les $\frac{3}{4}$ de $20 = 20 \times \frac{3}{4} = \frac{20 \cdot 3}{4} = 15.$

Ex. II. *La moitié des* $\frac{5}{7}$ *de* $8 = 8 \times \frac{5}{7} \times \frac{1}{2} = 2\frac{6}{7}.$

Ex. III. *Les* $\frac{2}{3}$ *des* $\frac{3}{4}$ *de* $25\frac{1}{3} = \frac{76}{3} \times \frac{3}{4} \times \frac{2}{3} = 12\frac{2}{3}.$

Leçon VIII. — Division des Fractions.

170. *Pour diviser une fraction par un nombre entier, il suffit de multiplier le dénominateur par ce nombre entier, sans changer le numérateur.*

EXEMPLE I. $\frac{2}{3} : 5 = \frac{2}{3 \cdot 5} = \frac{2}{15}.$

EXEMPLE II. $\frac{5}{7} : 2 = \frac{5}{7 \cdot 2} = \frac{5}{14}.$

171. *Pour diviser par une fraction, il faut multiplier le dividende,* QUEL QU'IL SOIT, *par cette fraction renversée.*

EXEMPLE I. $\frac{2}{5} : \frac{3}{4} = \frac{2}{5} \times \frac{4}{3} = \frac{8}{15}$ **(165)**.

EXEMPLE II. $12 : \frac{2}{3} = 12 \times \frac{3}{2} = 18$ **(164)**.

EXEMPLE III. $9\frac{1}{2} : \frac{2}{7} = \frac{19}{2} : \frac{2}{7} = \frac{19}{2} \times \frac{7}{2} = 33\frac{1}{4}$.

172. Si le diviseur est un nombre fractionnaire, on le réduit en une seule fraction **(154)**; puis, on multiplie le dividende par cette fraction renversée. — *Exemples.*

I. $\frac{3}{4} : 5\frac{1}{2} = \frac{3}{4} : \frac{11}{2} = \frac{3}{4} \times \frac{2}{11} = \frac{3}{22}$.

II. $10 : 3\frac{1}{3} = 10 : \frac{10}{3} = 10 \times \frac{3}{10} = 3$.

III. $8\frac{1}{3} : 2\frac{1}{4} = \frac{25}{3} : \frac{9}{4} = \frac{25}{3} \times \frac{4}{9} = 3\frac{19}{27}$.

173. REMARQUE. Lorsque le diviseur est un nombre entier moindre que le dividende, il est souvent plus court de diviser séparément l'entier et la fraction par le diviseur. Si la division de la partie entière donne un reste, on le joint à la fraction, pour n'en faire qu'une seule fraction **(154)**, qu'on divise par le diviseur **(170)**. — Ce procédé est d'usage surtout lorsque le diviseur n'est pas plus grand que 12.

EXEMPLE. *Trouver le quotient de* $1234\frac{1}{2}$ *par* 4.

Dividende $1234\frac{1}{2}$ Le quart de 1234 est 308, avec un
Quot^t par 4 $308\frac{5}{8}$ reste 2 : j'ai donc maintenant $2\frac{1}{2}$,
ou $\frac{5}{2}$, à diviser par 4, ce qui donne $\frac{5}{8}$.
— Ainsi, le quotient total est $308\frac{5}{8}$.

LEÇON IX.— Réduction des Fractions en Décimales.

174. *Pour réduire une fraction en décimales, on écrit à la droite du numérateur autant de zéros qu'on veut avoir de décimales; on extrait ensuite les entiers renfermés dans la fraction, on néglige le reste, et l'on sépare sur la droite du quotient le nombre de décimales demandé.*

Par exemple, si l'on veut *convertir* $\frac{5}{7}$ *en millièmes*, comme les millièmes se représentent par *trois décimales*, on écrit *trois zéros* à la droite du numérateur, ce qui donne $\frac{4000}{7}$, ou 571 $\frac{3}{7}$; négligeant le reste, et séparant trois décimales, on a 0,571 : c'est le résultat demandé.

I. $\frac{1}{2} = 0,5.$ V. $\frac{1}{6} = 0,1666\ldots$

II. $\frac{2}{3} = 0,6666\ldots$ VI. $\frac{3}{7} = 0,428571\ldots$

III. $\frac{3}{4} = 0,75.$ VII. $\frac{5}{8} = 0,625.$

IV. $\frac{2}{5} = 0,4.$ VIII. $\frac{6}{11} = 0,545454\ldots$

175. Pour convertir en fraction à deux termes une fraction décimale quelconque, il suffit de supprimer la virgule, et de lui donner pour dénominateur l'unité suivie d'autant de zéros qu'il y a de décimales. — *Exemples.*

I. $0,5 = \frac{5}{10} = \frac{1}{2}.$ IV. $0,0864 = \frac{864}{10000} = \frac{54}{625}.$

II. $0,75 = \frac{75}{100} = \frac{3}{4}.$ V. $0,545 = \frac{545}{1000} = \frac{109}{200}.$

III. $0,625 = \frac{625}{1000} = \frac{5}{8}.$ VI. $3,875 = 3\frac{875}{1000} = 3\frac{7}{8}.$

CHAPITRE VI. — Nombres complexes.

—

176. On appelle *nombre complexe*, un nombre composé d'unités entières et de leurs subdivisions non décimales : $8^{j} 12^{h} 40^{m}$ est un nombre complexe. Un *nombre incomplexe* est celui qui ne renferme qu'une seule espèce d'unités : 24 *jours* est un nombre incomplexe.

Leçon 1. — Addition des Nombres complexes.

177. L'addition des nombres complexes, comme celle des autres nombres, se commence par les parties de la plus petite espèce. Si la somme ne compose pas une unité de l'espèce immédiatement supérieure, on l'écrit sous les unités de son espèce ; si elle renferme une ou plusieurs unités de l'espèce supérieure, on n'écrit que l'excédant de la somme sur le nombre d'unités supérieures qu'on a pu extraire (69, 3°), et l'on retient celles-ci pour les joindre à leurs semblables, sur lesquelles on opère de la même manière. On continue ainsi jusqu'aux unités principales où l'addition se fait comme celle des nombres entiers.

REMARQUE. Lorsqu'il s'agit de minutes ou de secondes, on fait la somme des unités comme dans les nombres entiers ; on fait ensuite celle des dizaines, que l'on augmente des dizaines provenant de la colonne des unités ; on prend le 6° de la somme : le quotient est le nombre d'unités supérieures, et le reste un nombre de dizaines qu'on écrit sous les dizaines. — La raison de ce procédé, c'est que 10 unités font une dizaine, et que 6 dizaines de minutes ou de secondes font une unité supérieure.

EXEMPLE *Combien y a-t-il de jours, heures, minutes et secondes dans* $24^j12^h47^m39^s + 8^j18^h34^m54^s + 16^j4^h48^m58^s + 296^j14^h50^m29^s + 2^j13^h44^m55^s + 10^j20^h30^m40^s$?

$$
\begin{array}{r r r r}
24^j & 12^h & 47^m & 39^s \\
8 & 18 & 34 & 54 \\
16 & 4 & 48 & 58 \\
296 & 14 & 50 & 29 \\
2 & 13 & 44 & 55 \\
10 & 20 & 30 & 40 \\
\hline
359. & 13. & 17. & 35
\end{array}
$$

Colonne des unités : 9 et 4, 13, et 8, 21, et 9, 30, et 5, 35 : je pose 5, et retiens 3. — Dizaines : 3 de retenue, et 3, 6, et 5, 11, et 5, 16, et 2, 18, et 5, 23, et 4, 27 : le 6° de 27 est 4, reste 3 ; il y a donc 4 minutes et 3 dizaines de secondes : ainsi, je pose 3 et retiens 4. — J'opère de même pour les minutes. — La somme des heures est 85 ; je la divise par 24, et j'ai 3^j13^h : je pose 13 et retiens 3.

Somme demandée $359^j13^h17^m35^s$.

LEÇON II. — Soustraction des Nombres complexes.

178. La soustraction des nombres complexes, comme celle des autres nombres, se commence par les parties de la plus petite espèce. On retranche chaque nombre inférieur du nombre supérieur correspondant ; on écrit le reste au-dessous. Si un nombre supérieur est trop faible, on l'augmente d'autant d'unités qu'il faut de parties de cette espèce pour faire l'unité immédiatement supérieure, ce qui rend la soustraction possible ; et, pour compensation, on compte 1 de plus au nombre inférieur suivant. On continue ainsi jusqu'à la dernière espèce à gauche, où l'on exécute la soustraction comme celle des nombres entiers.

REMARQUE. Lorsqu'il s'agit de minutes ou de secondes, l'augmentation du nombre supérieur, s'il en est besoin, doit être de 10 pour le chiffre des unités, et de 6 pour celui des dizaines.

EXEMPLE. *La durée de l'Été est de* $93^j14^h13^m$, *et celle de l'Automne de* $89^j18^h35^m$, *combien l'Automne contient-il de jours, heures et minutes de moins que l'Été ?*

$$
\begin{array}{r}
93^j14^h13^m \\
89\ 18\ 35 \\
\hline
3\ 19\ 38
\end{array}
$$

Il faut ôter le second nombre du premier, et pour cela, je dis : 5 de 13, reste 8 ; je retiens 1, et 3, 4, de 7 (en ajoutant 6), reste 3 ; je retiens 1, et 18, 19, de 38 (en ajoutant 1 ou 24^h), reste 19 ; je retiens 1, etc.—Différence demandée $3^j19^h38^m$.

LEÇON III. — **Multiplication et Division des Nombres complexes.**

179. PROBLÈME. *Pour faire un mètre d'ouvrage, une machine emploie* $3^h48^m57^s$: *combien lui faut-il de temps pour en faire 7 mètres ?*

Il est évident que le temps demandé est 7 fois $3^h48^m57^s$: ainsi, il faut multiplier $3^h48^m57^s$ par 7. — Ayant écrit le multiplicateur sous le multiplicande, je commence par la droite, et je dis : 7 fois 7, 49, je pose 9, et retiens 4 ; 7 fois 5, 35, et 4 de retenue, 39, je pose 3, et retiens 6 (car 39 diz. de secondes font 6^m et 3 diz. de secondes) ; 7 fois 8, 56, et 6 de retenue, 62, je pose 2, et retiens 6 ; 7 fois 4, 28, et 6 de retenue, 34, je pose 4, et retiens 5 (car 34 diz. de minutes font 5^h et 4 dizaines de minutes) : 7 fois 3, 21, et 5 de retenue, 26, je pose 26. — Temps demandé $26^h42^m39^s$.

$$
\begin{array}{r}
3^h48^m57^s \\
7 \\
\hline
26\ 42\ 39
\end{array}
$$

PROBLÈME. II. *Dans 23 jours, un navire a parcouru* $31°46'25''$: *trouver en degrés, minutes, secondes, sa vitesse journalière moyenne.*

Il a parcouru chaque jour, terme moyen, la 23ᵉ partie de 31°46'25'' : il faut donc (69, 2°) diviser 31°46'25'' par 23.

$$
\begin{array}{ll}
31°46'25'' \Big) & 23 \\
8 \Big| & \overline{} \\
60 & 1°22'53'' \\
\overline{526'} & \\
66 & \\
20 & \\
60 & \\
\overline{1225''} & \\
.75 & \\
6 &
\end{array}
$$

Je divise 31° par 23 ; je trouve 1° pour quotient, et 8° de reste. — Le reste total est donc 8°46'25'', ou 526'25''. Je divise 526' par 23 ; j'obtiens pour quotient 22', et 20' de reste.— Le nouveau reste total est donc 20'25'', ou 1225''. Je divise 1225' par 23, ce qui me donne 53'', avec un reste 6''.— Ainsi, la vitesse moyenne demandée est 1°22'53'' $\frac{6}{23}$.

N. B. Nous nous bornons à ces deux Exemples pour la Multiplication et la Division des nombres complexes, à cause de leur peu d'usage dans la vie ordinaire. Ceux qui auraient besoin, sur cette matière, de connaissances plus étendues, peuvent consulter notre *Arith.* in 8°, Nᵒˢ **378** à **398**; ou bien notre *Arith. th. et prat.*, Nᵒˢ **239** à **254**, de laquelle le présent *Abrégé* est extrait : là ils trouveront sur les nombres complexes tous les détails qu'ils peuvent désirer.

CHAPITRE VII. — RÈGLES DE TROIS.

180. On appelle *Règles de Trois*, des problèmes dont les énoncés renferment deux parties composées de quantités *homogènes* deux à deux, et variant *proportionnellement*.

181. Les quantités *homogènes* sont les quantités de même espèce ; elles varient *proportionnellement*, lorsque l'une de ces quantités devenant 2, 3, 4,... fois plus grande que son homogène, l'inconnue devient par cela seul 2, 3, 4,... fois plus grande ou plus petite que son homogène.

182. La règle de trois est *simple* ou *composée*. Dans certains cas, elle prend les noms de *règle d'intérêt, d'escompte,* etc.

Nota. Nous ne donnerons point de procédé général ; et, pour résoudre nos problèmes, nous nous servirons exclusivement de la *Méthode de l'unité*. Ce procédé suppose seulement la connaissance des usages de la multiplication (**58**) et de la division (**69**). —Lorsque deux données homogènes seront des nombres fractionnaires, on pourra les exprimer l'une et l'autre en parties de la plus petite espèce, et opérer sur ces nombres de parties : les données étant alors des nombres entiers, le raisonnement deviendra plus facile et plus clair.

Leçon I. — Règle de Trois simple. — Composée.

183. La règle de trois est *simple*, lorsque parmi les données il n'y a qu'un couple d'homogènes. Alors, les données sont au nombre de *trois*, et de là vient le nom de la règle.

Exemple I. *Une pièce d'étoffe de 48ᵐ a coûté 345ᶠ,67 ; combien coûteront 36ᵐ de la même étoffe ?*

Première partie	48ᵐ ont coûté	345ᶠ,67 ;
Seconde partie	36ᵐ coûteront	x.

Solution : 48ᵐ ont coûté ... 345ᶠ67 ;
donc 1ᵐ a coûté 48 fois moins, ou $\frac{345.67}{48}$;
et 36ᵐ coûteront 36 fois plus, ou $\frac{345.67 \times 36}{48} = x$.

Effectuant les calculs, je trouve ... $x = 259ᶠ,25$ en moins.

184. Lorsqu'il se trouve des facteurs communs au dividende et au diviseur, on peut les supprimer, ce qui ne change point la valeur du résultat.

Dans l'Exemple I, ci-dessus, en supprimant le facteur 12, commun à 36 et à 48, on a $x = \frac{345.67 \times 3}{4}$.

Exemple II. *Il a fallu 15 jours à 25 ouvriers pour faire un certain ouvrage ; combien 35 ouvriers auraient-ils employé de jours pour faire le même ouvrage ?*

Première partie	25 ouv. ont mis	15ʲ ;
Seconde partie	35 ouv. mettront	x.

Solution : 25 ouv. ont mis ... 15ʲ ;
donc, 1 ouv. mettrait 25 fois plus, ou 15.25,
et 35 ouv. mettront 35 fois moins, ou $\frac{15.25}{35} = x = 10ʲ\frac{5}{7}$.

185. La règle de trois est *composée*, lorsque les données fournissent plusieurs couples d'homogènes. Alors, les données sont au moins au nombre de cinq; mais elles peuvent se réduire à *trois*, et la question peut se résoudre par la règle de trois simple.

EXEMPLE I. *Un chef d'atelier a fait* 123^m *d'ouvrage en* 18 *jours, par* 9 *ouvriers; s'il emploie* 20 *ouvriers, combien fera-t-il de mètres en* 12 *jours?*

1re Partie	9 ouv.,	en 18^j,	ont fait	123^m;
2de Partie	20 ouv.,	en 12^j,	feront	x mèt.

Solution. Puisque

$$9 \text{ ouv., en } 18^j, \text{ ont fait } 123^m,$$
$$1 \text{ ouv., en } 18^j, \text{ en a fait } \frac{123}{9};$$
$$20 \text{ ouv., en } 18^j, \text{ en feront } \frac{123 \cdot 20}{9};$$
$$20 \text{ ouv., en } 1^j, \text{ en feraient } \frac{123 \cdot 20}{9 \cdot 18};$$

et

$$20 \text{ ouv., en } 12^j, \text{ en feront } \frac{123 \cdot 20 \cdot 12}{9 \cdot 18} = x,$$

ce qui revient à $x = \frac{41 \cdot 10 \cdot 4}{9} = 182^m,22^c$ en moins.

NOTA. Pour ramener la question précédente à une règle de trois simple, on dirait :

1re Partie	Dans 18^j:9 ou 162^j, on a fait 123^m;
2de Partie	Dans 12^j:20 ou 240^j, on fera x mèt.

EXEMPLE II. *On a employé* 42^{kg},50 *de fil pour tisser* 218^m,40 *de toile, à* 1^m,20 *de largeur; quelle longueur aura une autre pièce de* 0^m,84 *de largeur, tissée avec* 51^{kg},60 *du même fil?*

1re Partie	425^{hg},	à 120^c,	donnent	218^m,40 de long;
2do Partie	516 ,	à 84 ,	donneront	x mèt.

Solution. Puisque

$$425^{hg}, \text{ à } 120^c, \text{ donnent } 218^m,40,$$
$$1^{hg}, \text{ à } 120^c, \text{ donne } \frac{218 \cdot 40}{425};$$
$$516^{hg}, \text{ à } 120^c, \text{ donnent } \frac{218 \cdot 40 \times 516}{425};$$
$$516^{hg}, \text{ à } 1^c, \text{ donneraient } \frac{218 \cdot 40 \cdot 516 \times 120}{425};$$

et

$$516^{hg}, \text{ à } 84^c, \text{ donneront } \frac{218,40 \times 516 \times 120}{425 \times 84} = x,$$

ce qui revient à $x = \frac{43,68 \times 516 \times 10}{85 \times 7} = \frac{62,4 \times 516}{85} = 378^m,80.$

LEÇON III. — Règle d'Intérêt.

186. On appelle *intérêt*, le bénéfice que rapporte une somme prêtée ou placée; cette somme s'appelle *capital*.

187. Afin de pouvoir calculer l'intérêt du capital, on

convient du bénéfice à faire sur une somme de 100ᶠ placée pendant une certaine *unité de temps*, laquelle est ordinairement une année, ou un mois; et si ce bénéfice est, par exemple, de 5ᶠ par an, on dit que *le capital est placé à 5 pour 100 par an*. L'intérêt de 100ᶠ est ce qu'on appelle *le taux*. — L'expression *pour 100* s'écrit : *p. %*.

188. Dans les calculs d'intérêt, on compte ordinairement 30 jours pour chaque mois; alors, l'année contient 360 jours, et les jours sont des 360ᵢᵉᵐᵉˢ d'année.

189. Il y a deux sortes d'intérêts : l'intérêt *simple*, et l'intérêt *composé*.

Intérêt simple.

190. L'intérêt est *simple*, lorsqu'il ne s'ajoute pas au capital, pour produire lui-même intérêt. Dans ce cas, le prêteur est en droit de retirer l'intérêt de son argent, après chaque unité de temps écoulée; et, le capital restant le même, l'intérêt de 2 ans, de 3 ans,... est *double*, *triple*,... de l'intérêt annuel, tandis que celui d'un mois en est *le douzième*, celui de 6 mois *la moitié*, etc. Par conséquent, *Pour calculer l'intérêt d'un capital quelconque pour un temps donné, il suffit, ayant trouvé l'intérêt du capital pour l'unité de temps, de le multiplier par le nombre de ces unités.*

191. Problème I. *Quel est l'intérêt annuel de 3000ᶠ, à 5 p. % par an ?*

Cette question revient à celle-ci : « 100ᶠ donnent un intérêt de » 5ᶠ dans un an; combien 3000ᶠ donneront-ils d'intérêt dans le » même temps », qui n'est autre qu'une règle de trois simple.

Solution. Puisque $\qquad$ 100ᶠ donnent 5ᶠ d'intérêt,
$$1^f \text{ donne } \tfrac{5}{100} \text{ ou } 0^f,05 ;$$
donc, $\qquad$ 3000ᶠ donnent $0,05 \times 3000 = 150^f$.

Problème II. *Quel est l'intérêt mensuel de 3 000ᶠ, à ½ p. % par mois ?*

C'est comme si l'on disait : « 100ᶠ donnent un intérêt de ½ franc, » ou 0ᶠ,50, dans un mois; combien 3000ᶠ donneront-ils d'intérêt » dans le même temps », ce qui est encore une règle de trois simple.

Solution. Puisque   100^f donnent 0^f,50 d'intérêt,
                         1^f donne $\frac{0,50}{100}$ ou 0^f,005 :
donc,   3000^f donnent 0,005 $\times$ 3000 = 15^f.

Ces solutions nous montrent que, *Pour calculer l'intérêt d'un capital quelconque* POUR L'UNITÉ DE TEMPS, *il suffit de diviser le taux par* 100 (ce qui donne l'intérêt d'un franc pour cette unité), *et de multiplier le quotient par le capital.*

192. Nous pouvons maintenant (**190**) calculer l'intérêt pour un temps quelconque.

EXEMPLE I. *Quel est l'intérêt de* 3000^f, *pour* 2 *ans, à* 5 *p.* % *par an?*

Intérêt annuel (**191**)   0^f,05 $\times$ 3000 :
donc (**190**), Intérêt demandé   0^f,05 $\times$ 3000 $\times$ 2 = 300^f.

EXEMPLE II. *Quel est l'intérêt de* 3000^f, *pour* 2 *ans* 4 *mois, à* 5 *p.* % *par an?*

Les 2^{a}4^m = 28 mois : donc (**190**), calculons l'intérêt mensuel, et le multiplions par 28. Or (**191**),

L'intérêt annuel étant   0^f,05 $\times$ 3000 = 150^f,
L'intérêt mensuel est $\frac{150}{12}$:
donc (**190**) Intérêt demandé $\frac{150}{12} \times 28$ = 350^f.

EXEMPLE III. *Quel est l'intérêt de* 3000^f, *pour* 2 *ans* 4 *mois* 24 *jours, à* 5 *p.* % *par an?*

Les 2^{a}4^{m}24^j = 28^{m}24^j = 864^j : je calcule donc l'intérêt d'un jour, pour le multiplier par 864. Or (**191**),

L'intérêt annuel, ou de 360^j, est   0^f,05 $\times$ 3000 = 150^f ;
donc, l'intérêt d'un jour est $\frac{150}{360}$:
donc,   Intérêt demandé   = $\frac{150 \cdot 864}{360}$ = 5.72 = 360^f.

193. Le calcul de l'intérêt du capital est le cas le plus fréquent dans la matière qui nous occupe ; mais on peut aussi se proposer de calculer chacune des trois autres choses, connaissant l'intérêt du capital.

EXEMPLE I. *En combien de temps les intérêts simples de* 3000^f, *placés à* 6 *p.* % *par an, s'élèveront-ils à* 576^f?

Il faut autant d'années que l'intérêt total 576^f contient de fois l'intérêt annuel de 3000^f. Or (**191**),

L'intérêt annuel est ici   0^f,06 $\times$ 3000 = 180^f :
donc,   Temps demandé $\frac{576}{180} = \frac{32}{10}$ = 3^{a}2^{m}12^j.

EXEMPLE II. *Une somme de 3000^f a donné 384^f d'intérêt en 3ᵃ2ᵐ12ʲ; trouver le taux annuel de l'intérêt.*

Le taux annuel (187) est l'intérêt annuel de 100^f; donc, puisque 3ᵃ2ᵐ12ʲ = 38ᵐ12ʲ = 1152ʲ, la question proposée revient à celle-ci : « 3000^f donnent 384^f en 1152ʲ; combien 100^f donnent-ils en 360ʲ », qui n'est autre qu'une règle de trois composée.

Solution. Puisque 3000^f, en 1152ʲ, donnent   384^f,

$$1^f,\ldots 1152, \text{ donne} \qquad \frac{384}{3000};$$

$$100^f,\ldots 1152, \text{ donnent} \qquad \frac{384 \cdot 100}{3000};$$

$$100^f,\ldots 1^j,\ldots \qquad \frac{384 \cdot 100}{3000 \cdot 1152};$$

$$100^f,\ldots 360^j,\ldots \qquad \frac{384 \cdot 100 \cdot 360}{3000 \cdot 1152} = 4.$$

Ainsi, le capital a été placé à 4 p. % par an.

EXEMPLE III. *Quelle somme faut-il placer à 4 p. % par an, pour que les intérêts s'élèvent à 128^f, en 3ᵃ2ᵐ12ʲ (ou 1152ʲ)?*

Il faut trouver quel capital donne 128^f en 1152ʲ, sachant que 100^f donnent 4^f en 360ʲ : encore une règle de trois composée.

Solution. Pour avoir   4^f, en 360ʲ, il faut placer   100^f;

donc,   Pour avoir   1^f,... 360,...........

$$\frac{100}{4};$$

$$\ldots\ldots 128^f,\ldots 360,\ldots \qquad \frac{100 \cdot 128}{4};$$

$$\ldots\ldots 128^f,\ldots 1^j,\ldots \qquad \frac{100 \cdot 128 \cdot 360}{4};$$

$$\ldots\ldots 128^f,\ldots 1152^j,\ldots \qquad \frac{100 \cdot 128 \cdot 360}{4 \cdot 1152};$$

En effectuant, on trouve 1000^f, pour le capital demandé.

Rentes sur l'État.

194. On appelle *Rentes sur l'État*, les intérêts des divers capitaux empruntés par le gouvernement.

195. Il y a aujourd'hui trois sortes de rentes sur l'État : le 3, le 4, et le 4 ½ p. %. Le nom de chacune vient de ce que le gouvernement donnerait 100^f pour 3^f, 4^f, ou 4^f,50 de rente, si, pour ne plus payer la rente, il voulait rembourser le capital.

Par exemple, pour rembourser 30^f de rente 3 p. %, le gouvernement donnerait 1000^f au possesseur de la rente.

196. Le possesseur d'une rente peut la vendre; mais le prix n'en est pas fixe : il varie selon certaines circonstances, et s'appelle *le cours* de la rente ou des fonds.

Par exemple, lorsque la rente 3^f s'achète ou se vend 65^f,40, le cours est 65^f,40, et on dit que le 3 p. % est à 65^f,40.

197. La rente est dite *au pair*, quand elle est au cours 100^f, c'est-à-dire, quand elle s'achète ou se vend 100^f.

198. On ne peut acheter ou vendre la rente que par l'intermédiaire d'un *agent de change*, qui touche $\frac{1}{8}$ p. $^0/_0$ des fonds qu'on lui remet : le prix de cette commission est *le courtage*.— Comme $\frac{1}{8}$ p. $^0/_0$ est la même chose que 1 pour 800, en divisant le capital par 800, on aura le courtage, qui, ajouté au prix principal, donnera le prix total de la rente.

PROBLÈME I. *Combien coûteront* 500^f *de rente* 4 p. $^0/_0$, *lorsque le cours est* 104^f 20?

C'est comme si l'on disait : « 4^f de rente coûtent 104^f,20 ; » combien coûteront 500^f ? »

Solution.   4^f de rente coûtent   104^f,20 ;

1^f......... coûte $\frac{104,20}{4}$;

donc,   500^f......... coûteront $\frac{104,20 \times 500}{4} = $ 13025^f.

Ajoutant le courtage (N° **198**).................... 16^f.28,
on a le prix total demandé..................... 13041^f,28.

PROBLÈME II. *Combien aura-t-on de rente* 4 $^1/_2$ p. $^0/_0$, *au cours de* 107^f, *pour une somme de* 40000 *francs?*

Le courtage monte ici à $\frac{40000}{800} = $ 50^f, que l'agent de change garde pour lui. Avec le reste 39950^f, il achète la rente.

Solution.   Pour   107^f, on a une rente de   4^f.50 ;

Pour   1^f,................. $\frac{4,50}{107}$:

donc,   Pour 39950^f, on aura $\frac{4,50 \times 39950}{107} = $ 1680^f,14.

PROBLÈME III. *Quel est le cours du* 4 p. $^0/_0$, *lorsque* 500^f *de rente se vendent* 13041^f,28?

Le courtage monte à 16^f,30 : c'est donc avec 13041^f,28 — 16^f,30 ou 13024^f,98 que l'agent paie la rente 500^f.

Solution.   500^f de rente se paient   13024^f,98 ;

1^f......... se paie $\frac{13024,98}{500}$:

donc,   4^f......... se paient $\frac{13024,98 \times 4}{500} = $ 104^f,19984.

Ainsi, le cours demandé est à très peu près   104^f,20.

PROBLÈME IV. *Lequel est le plus avantageux, d'acheter du* 3 p. $^0/_0$ *à* 77^f,60, *ou du* 4 $^1/_2$ p. $^0/_0$ *à* 104^f,20?

Solution.   1^f de rente 3 p. $^0/_0$ coûte $\frac{77,60}{3} = $ 25^f,866...

1^f de rente 4 $^1/_2$ p. $^0/_0$ coûte $\frac{104,20}{4,50} = $ 23^f,155...

Ainsi, la rente 4 $^1/_2$ pour 100 est la moins chère.

Intérêt composé.

199. L'intérêt est *composé*, lorsque le prêteur, au lieu de retirer à la fin de chaque unité de temps le bénéfice du capital qu'il a placé, le laisse à l'emprunteur, à condition que celui-ci en paie l'intérêt comme pour le capital. Dans ce cas, le prêteur ne reçoit donc pas seulement l'intérêt du capital, mais encore l'intérêt des intérêts.

200. RÈGLE. *Pour trouver quel est, après un temps déterminé, la valeur d'un capital placé à intérêt composé, on peut calculer l'intérêt d'un franc pour l'unité de temps dont il s'agit, ajouter un franc à cet intérêt, élever la somme à la puissance marquée par le nombre d'unités de temps, et multiplier le résultat par le capital placé.*

L'unité de temps dépend des conventions faites, pour la capitalisation, entre le prêteur et l'emprunteur, et elle est indiquée par le taux donné dans l'énoncé de la question : c'est *un an*, si c'est le taux *annuel* qui est donné ; c'est *un mois*, si c'est le taux *mensuel* ; etc.

EXEMPLE I. *Calculer quelle est la valeur de* 320^f *après* 3 *ans, l'intérêt composé étant de* 5 *p.* °/₀ *par an.*

Puisque 100^f donnent un intérêt de 5^f,
1^f donne .... 0^f,05 ;
Valeur demandée $1,05^3 \times 320 = 370^f,44$.

EXEMPLE II. *Quelle est, après* 7 *mois, la valeur de* 8000^f *placés à intérêt composé,* ¹/₂ *p.* °/₀ *par mois?*

Puisque 100^f donnent, par mois, 0^f,50,
1^f donne,............ 0^f,005 :
donc, Valeur demandée $1,005^7 \times 8000 = 8284^f,23$.

LEÇON III. — Règle d'Escompte.

201. On appelle *Escompte*, la diminution faite sur le montant d'un billet payé avant son échéance. — *L'échéance* est l'époque convenue pour le paiement de la dette.

Par exemple, une dette de 3000ᶠ devant être acquittée le 20 Juin, si le débiteur paie le 20 Mai, il avance le paiement de 31 jours : on lui fera une diminution égale à l'intérêt de 3000ᶠ pour 31 jours ; et cet intérêt prend le nom d'escompte.

202. Pour trouver l'escompte d'une somme, il suffit donc d'en calculer l'intérêt (**190** *et suiv.*) pour le temps qui reste à s'écouler jusqu'à l'échéance : en l'ôtant de la somme portée au billet, on aura ce que le débiteur doit débourser.

203. Mais, quoique dans les calculs d'intérêt, l'année soit de 360 jours (**188**), la loi veut qu'ici les mois soient tels qu'ils sont dans le Calendrier grégorien. (**114**).

PROBLÈME. *Je dois une somme de 4560ᶠ payable le 13 Septembre 1861 : si je paie le 27 Juillet et que l'on m'accorde 4 p. °/₀ par an d'escompte, combien devrai-je débourser?*

Du 27 Juillet au 13 Septembre, il y a 48 jours : je calcule donc l'intérêt de 4560ᶠ pour 48 jours, sachant que celui de 100ᶠ est de 4ᶠ pour 360 jours. C'est une règle de trois composée à faire.

$$100ᶠ, \text{ dans } 360ʲ, \text{ donnent} \qquad 4ᶠ \text{ d'escompte;}$$
$$1ᶠ, \ldots \ldots 360, \text{ donne} \qquad \frac{4}{100};$$
$$4560ᶠ, \ldots \ldots 360, \text{ donnent} \qquad \frac{4 \cdot 4560}{100};$$
$$4560ᶠ, \ldots \ldots 1ʲ, \ldots \ldots \qquad \frac{4 \cdot 4560}{100 \cdot 360};$$
$$4560ᶠ, \ldots \ldots 48, \ldots \ldots \qquad \frac{4 \cdot 4560 \cdot 48}{100 \cdot 360} = 24ᶠ,32.$$

Je n'aurai donc à débourser que 4560 — 24,32 = 4535ᶠ,68.

204. Le résultat précédent montre que, *Pour trouver l'escompte d'une somme quelconque, pour un certain nombre de jours, il suffit de multiplier le taux* ANNUEL *successivement par cette somme et par le nombre de jours, et de diviser le produit par* 36000.

EXEMPLE I. *Un négociant possédant un billet de 40000ᶠ payable le 13 Décembre, se présente chez un banquier le 15 Août ; combien le banquier lui remettra-t-il, l'escompte étant fixé à 5 p. °/₀ par an?*

Du 15 Août au 13 Décembre, il y a 120 jours : le banquier donnera donc au négociant 40000ᶠ *moins* l'escompte de cette somme pour 120 jours. Or, d'après la remarque précédente, on a

$$\text{Escompte} = \frac{5 \cdot 40000 \cdot 120}{36000} = 666ᶠ,67 :$$

donc, quantité demandée 40000 — 666,67 = 39333ᶠ,33.

EXEMPLE II. *Le 7 Juin 1861, un commerçant achète pour 9876^f de marchandises payables le 15 Février 1862. S'il paie le 21 Octobre, combien aura-t-il à débourser, l'escompte étant de $^1\!/_2$ p. $^o/_o$ par mois?*

Du 21 Octobre 1861 au 15 Février 1862, il y a 117 jours. Et puisque 100^f donnent $^1\!/_2$ ou 0^f.50 par mois, ils donnent 0^f,50 $\times$ 12, ou 6^f par an. Le taux annuel étant donc 6, on aura

$$\text{Escompte} = \frac{6 \cdot 9876 \cdot 117}{35000} = 192^f,582 :$$

donc, quantité demandée $\qquad$ 9876 — 192,582 $= 9683^f,418.$

EXEMPLE III. *Quelqu'un doit 1234^f payables le 19 Décembre. L'escompte étant à 6 p. $^o/_o$ par an, quel jour doit-il acquitter sa dette, pour n'avoir que 1212^f à débourser?*

Il veut obtenir un escompte de 1234 — 1212 $= 22^f$: cherchons donc d'abord combien il faut de temps à 1234^f pour produire 22^f d'intérêt, sachant que 100^f donnent 6^f en un an, ou 360 jours : c'est une règle de trois composée à faire.

$$
\begin{array}{llll}
100^f \text{ donnent} & 6^f \text{ en}\ldots\ldots\ldots & 360 \text{ jours;} \\
1^f \text{ donne} & 6 \ldots\ldots\ldots & 360 \cdot 100 ; \\
1234^f \text{ donnent} & 6 \ldots\ldots\ldots & \dfrac{360 \cdot 100}{1234} ; \\
1234^f \ldots\ldots\ldots & 1^f \ldots\ldots\ldots & \dfrac{360 \cdot 100}{1234 \cdot 6} ; \\
\text{Enfin,} \quad 1234^f \ldots\ldots\ldots & 22 \ldots\ldots\ldots & \dfrac{360 \cdot 100 \cdot 22}{1234 \cdot 6} = 107 \text{ jours.}
\end{array}
$$

Le paiement devra donc s'effectuer 107 jours avant le 19 Décembre. Or, le 19 Décembre, il y a 353 jours que l'année est commencée : donc, à l'époque demandée, il n'y en aura que 353 — 107, ou 246, ce qui conduit au *5 Septembre.*

Leçon IV. — Partages proportionnels. — Règle de Société.

205. On dit que *des nombres sont* DIRECTEMENT *proportionnels,* ou simplement, *qu'ils sont proportionnels à des nombres donnés,* lorsqu'ils sont *les produits* d'un nombre constant par chacun de ces nombres donnés.

Par exemple, les nombres$\ldots\ldots\ldots$ 12, 14, 18, 30,
c'est-à-dire,$\ldots\ldots\ldots$ 2.6, 2.7, 2.9, 2.15,
sont proportionnels aux nombres$\ldots\ldots$ 6, 7, 9, 15,
parce qu'ils sont *les produits* du même nombre 2 par 6, 7, 9, 15.

206. *Pour partager un nombre quelconque en parties*

proportionnelles à des nombres donnés (a), *il suffit de le diviser par la somme des nombres proportionnels : multipliant ensuite le quotient par chaque nombre proportionnel séparément, on aura les parties demandées.*

NOTA. Lorsque la division ne s'effectue pas sans reste, il est préférable de multiplier d'abord le nombre à partager par chaque nombre proportionnel, pour diviser ensuite par leur somme.

EXEMPLE I. *Partager une longueur de 69$^{mèt.}$,50 en trois parties proportionnelles aux nombres 5, 6, 7, et trouver chaque partie en mètres et millimètres.*

Somme des nombres proportionnels $5 + 6 + 7 = 18$.

Donc, Première partie............ $\frac{69,50 \times 5}{18} = 19^m,3055\ldots$

Seconde .... $\frac{69,50 \times 6}{18} = 23\ ,1666\ldots$

Troisième................. $\frac{69,50 \times 7}{18} = 27\ ,0277\ldots$

Parties demandées : 19^m,305... 23^m,167... 27^m,028.

EXEMPLE II. *Quatre ouvriers ont fait en commun un ouvrage qui leur a été payé 600^f. Le premier y a travaillé 20 jours, le second 25, le troisième 30, et le quatrième 24. Trouver ce qu'il revient à chacun.*

Il est évident que, si nous connaissions le gain journalier, en le multipliant tour à tour par 20, 25, 30, 24, nous aurions le gain total de chaque ouvrier : donc (**205**) ces gains sont proportionnels aux nombres de jours 20, 25, 30, 24.

Somme des nombres proportionnels. $20 + 25 + 30 + 24 = 99$.

Donc, Gain du premier............... $\frac{600 \cdot 20}{99} = 121^f,21$

Gain du second............... $\frac{600 \cdot 25}{99} = 151\ ,52$

Gain du troisième .... $\frac{600 \cdot 30}{99} = 181\ ,82$

Gain du quatrième............ $\frac{600 \cdot 24}{99} = 145\ ,45$

EXEMPLE III. *Partager le jour (24 heures) en deux parties qui soient entre elles comme les nombres 2 et 3.*

C'est comme si l'on disait : « Partager 24^h en deux parties » telles que la première contienne autant de fois 2^h, que la se- » conde contiendra de fois 3^h » : Donc (**205**), les parties demandées sont proportionnelles aux nombres 2 et 3.

Somme des nombres proportionnels $2 + 3 = 5$.

Donc, Première partie.......... $\frac{24 \cdot 2}{5} = 9^h\frac{3}{5}$, ou 9^{h}36^m;

Seconde partie.......... $\frac{24 \cdot 3}{5} = 14^h\frac{2}{5}$, ou 14^{h}24^m.

(a) C'est à ces derniers nombres que nous donnerons le nom de *nombres proportionnels.*

207. *La Règle de Société* est une opération dans laquelle on se propose de partager, entre plusieurs associés, le bénéfice ou la perte qui résulte de leur société.

208. Il est généralement convenu entre les négociants que la part de chaque associé est proportionnelle *à sa mise*, quand les temps sont égaux, et *au produit de la mise par le temps* pendant lequel cette mise reste dans la société, lorsque les temps sont inégaux.

Par exemple, si *deux négociants ayant mis, le premier* 5000ᶠ, *et le second* 8000ᶠ, ont fait un gain de 2000ᶠ, il s'agira de partager ce gain en deux parties proportionnelles aux mises 5000 et 8000, en cas que celles-ci aient été le même temps dans la société. Mais si les temps sont inégaux, si la première mise a été 9 mois dans l'entreprise, et la seconde 8, il faudra partager 2000ᶠ en deux parties proportionnelles aux produits 5000.9 et 8000.8. — Ainsi,

209. La Règle de Société n'est qu'un cas particulier des *Partages proportionnels* (205) : les nombres proportionnels sont les mises des associés, ou les produits de ces mises par les temps; et le nombre à partager est le gain ou la perte résultant de la société. Donc, *Pour faire la Règle de Société, il suffit de diviser le gain ou la perte par la somme des mises : multipliant ensuite le quotient par chaque mise, on aura les résultats demandés.*

NOTA. Lorsque la division ne s'effectue pas sans reste, il est préférable de multiplier d'abord le gain ou la perte par chacune des mises, pour diviser ensuite par leur somme.

210. Si les mises n'ont pas été le même temps dans la société, on multiplie chacune d'elles par le nombre d'unités de temps qu'elle y a été (**208**) ; on opère ensuite sur les produits comme s'ils étaient les mises des associés (**209**).

EXEMPLE I. *Quatre négociants se sont associés pour armer un navire qui a gagné* 8742ᶠ. *Le premier a mis* 6926ᶠ, *le second* 15172ᶠ, *le troisième* 18462ᶠ, *et le quatrième* 7378ᶠ. *Trouver ce qu'il revient à chacun.*

Il faut (**208**) partager le gain 8742ᶠ en quatre parties proportion nelles aux mises. La somme de celles-ci étant 47938^f, on aura (209)

Gain du premier .... $\frac{8742 \cdot 6926}{47938} = 1263^f,03$

Gain du second .... $\frac{8742 \cdot 15472}{47938} = 2766,77$

Gain du troisième .... $\frac{8742 \cdot 18472}{47938} = 3366,74$

Gain du quatrième .... $\frac{8742 \cdot 7378}{47938} = 1345^f,46$

EXEMPLE II. *Trois marchands s'étant associés pour 4 ans, le premier mit tout de suite 6243^f; le second mit 5836^f au bout de 6 mois, et le troisième 10342^f au bout de 18 mois. A la fin des 4 ans, le bénéfice montait à 18123^f,83. Trouver ce qu'il revient à chacun.*

La mise du premier a été 4 ans ou 48 mois dans la société; celle du second y a été 48 — 6 ou 42 mois; et celle du troisième, 48 — 18 ou 30 mois. Il faut donc (208) partager 18123^f,83 en trois parties proportionnelles aux produits

$$6243 \cdot 48, \quad 5836 \cdot 42, \quad 10342 \cdot 30,$$

c'est-à-dire $299664, \quad 245112, \quad 310260.$

Somme des nombres proportionnels ... ... 855036.

Donc (210), Gain du premier... $\frac{18123,83 \times 299664}{855036} = 6351^f,85$

Gain du second .... $\frac{18123,83 \times 245112}{855036} = 5195,53$

Gain du troisième.. $\frac{18123,83 \times 310260}{855036} = 6576,45$

LEÇON V. — Règle de Mélange. — Règle d'Alliage.

211. On appelle *Mélange* un composé de plusieurs substances non métalliques réunies et intimement mêlées ensemble. — Les problèmes sur cette matière sont de deux espèces (a).

212. Dans la première espèce de mélange, on connaît les quantités et les valeurs particulières d'unités de prix différents, et l'on se propose de trouver le prix d'une de ces unités, en les regardant alors comme étant toutes de même valeur.

EXEMPLE. *Un commerçant a mélangé 20 hectolitres de*

(a) Dans cet *Abrégé*, nous ne ferons connaître que la première. — Pour la seconde, voir notre *Arithmét. in-8°*, p. 372 à 387; ou bien, notre *Arithmét. th. et pr.*, p. 132 à 141.

blé à 15ᶠ l'hectolitre, avec 12 hect. à 16ᶠ, et 8 hect. à 17ᶠ; à combien lui revient l'hectolitre du mélange?

Il est clair que   20ʰˡ à 15ᶠ valent.........   15.20 $=$ 300ᶠ ;
                 12   à 16 ....   16.12 $=$ 192 ;
                  8   à 17 ....   17. 8 $=$ 136 ;

donc, les   40 hect. reviennent à............   628ᶠ :
donc, l'hectolitre revient à $\frac{628}{40} =$ 15ᶠ,70.

Cette solution montre que, *Pour résoudre les questions de mélange de la première espèce, il faut multiplier le prix de l'unité de chaque substance mélangée par le nombre d'unités de cette substance ; ajouter tous les produits ensemble, et diviser la somme par le nombre total des unités du mélange.*

213. On appelle *valeur moyenne* de plusieurs choses, la somme de leurs valeurs particulières divisée par leur nombre. Ainsi, dans le cas de *deux* choses, la valeur moyenne est *la demi*-somme des deux valeurs ; s'il y a *trois* choses, elle est le *tiers* de la somme des trois valeurs, etc., etc.

Par exemple, si l'on a du vin à 25 centimes le litre, à 30ᶜ, à 34ᶜ et à 35ᶜ, le prix moyen du litre sera $\frac{25 + 30 + 34 + 35}{4} =$ 31ᶜ.

214. On appelle *Alliage*, un composé de plusieurs métaux réunis et intimement mêlés ensemble par la fusion.

215. Dans la règle d'alliage, il y a deux cas généraux : il s'agit *du prix* de l'unité ; ou bien il est question *du titre.* Dans le premier cas, elle ne diffère en rien de la règle de mélange (212) ; dans le second, on opère sur les titres comme dans le premier on opère sur les prix, ainsi que le montrera l'Exemple II, ci-après.

Exemple I. *On a fondu ensemble 15 kilog. de cuivre à 2ᶠ,50 le kilog., et 9 kilog. d'étain à 5ᶠ,20 le kilog.; à combien revient le kilog. de l'alliage?*

15 kilog. de cuivre, à 2ᶠ,50, valent 2ᶠ,50 $\times$ 15 $=$ 37ᶠ,50
 9 kilog. d'étain,   à 5ᶠ,20, valent 5 ,20 $\times$ 9 $=$ 46 ,80

Donc, les 24 kilog. de l'alliage valent....................   84 ,80
Donc, le kilog. de l'alliage revient à $\frac{84,30}{24} =$ 3ᶠ,5125.

EXEMPLE II. *Un orfèvre a deux lingots d'argent : l'un au titre de 0,840 pèse 425 grammes ; l'autre est au titre de 0,960 et pèse 175 grammes. S'il les fondait, et qu'il n'en fît qu'un alliage, quel en serait le titre ?*

Le premier lingot est au titre de 0,840 et le second au titre de 0,960 : cela signifie (112) que, sur un gramme, le premier lingot contient 840 milligr. d'argent pur ou *de fin*, et le second 960 milligrammes : donc

$$\text{Le 1}^{\text{er}}\text{ lingot contient} \quad 0,840 \times 425 = 357^{\text{gr}} \text{ de fin ;}$$
$$\text{Le 2}^{\text{d}}\text{ lingot contient} \quad 0,960 \times 175 = 168^{\text{gr}} \text{ de fin :}$$

Donc, le nouvel alliage, qui pèse $425 + 175$, ou 600 grammes, contient $357 + 168$, ou 525 grammes de fin. Ainsi, sur un gramme, il en contient $\frac{525}{600} = 0^{\text{gr}},875$, c'est-à-dire qu'il est au titre de 0,875.

CARRÉS, RACINE CARRÉE DES NOMBRES.

216. *On appelle* CARRÉ *ou* SECONDE PUISSANCE *d'un nombre, le produit de ce nombre par lui-même.* Il s'indique en donnant 2 pour exposant au nombre proposé, qu'on renferme entre parenthèses, s'il est fractionnaire à deux termes, ou composé de plusieurs parties. — *Exemples.*

$$\text{I.} \quad 37^2 = 37 . 37 = 1369.$$
$$\text{II.} \quad \left(\tfrac{5}{8}\right)^2 = \tfrac{5}{8} \times \tfrac{5}{8} = \tfrac{25}{64}.$$
$$\text{III.} \quad \left(4\tfrac{2}{3}\right)^2 = \tfrac{14}{3} \times \tfrac{14}{3} = \tfrac{196}{9} = 21\tfrac{7}{9}.$$
$$\text{IV.} \quad 1,05^2 = 1,05 \times 1,05 = 1,1025.$$

217. *On appelle* RACINE CARRÉE *d'un nombre, un autre nombre qui, étant carré, reproduit le nombre proposé.*

Ainsi, la racine carrée de 16 est 4, parce que le carré de 4 est 16 ; celle de 81 est 9, parce que le carré de 9 est 81.

218. Pour indiquer la racine carrée d'un nombre, on emploie le signe $\sqrt{}$, qu'on appelle *radical*.

Par exemple, on écrit : $\sqrt{16} = 4$; $\sqrt{81} = 9$; ... et on lit : *Racine carrée de 16 = 4 ; Racine carrée de 81 = 9 ;* ...

219. La racine carrée d'un nombre est dite *à moins d'une unité près, d'un dixième près, d'un centième près,...* lorsque, n'étant pas parfaitement juste, elle n'est pas fautive d'une unité, d'un dixième, d'un centième,...

Par exemple, $\sqrt{30}$ est 5 *en moins*, et 6 *en plus*, à moins d'une unité près.

220. Pour trouver, à moins d'une unité près, la racine carrée d'un nombre moindre que 100, il suffit de savoir que les racines carrées des nombres

$$1, \quad 4, \quad 9, \ 16, \ 25, \ 36, \ 49, \ 64, \ 81, \ 100,$$
sont $\quad 1, \quad 2, \quad 3, \quad 4, \ \cdot 5, \quad 6, \quad 7, \quad 8, \quad 9, \quad 10.$

Ainsi, les racines *en moins*, à moins d'une unité près,

des nombres $\quad 10, \quad 20, \quad 60, \quad 90, \quad 50, \quad 72, \quad 29, \quad 40,$
sont $\qquad 3, \quad 4, \quad 7, \quad 9, \quad 7, \quad 8, \quad 5, \quad 6.$

221. *Si le nombre entier dont on veut extraire la racine carrée, surpasse* 100, *on le sépare en tranches de* DEUX *chiffres, à partir de la droite. Alors la racine du plus grand carré contenu dans la première tranche à gauche est le premier chiffre de la racine : on ôte ce carré de la première tranche, et à droite du reste, on écrit la seconde tranche. On divise les* DIZAINES *du reste suivi de la tranche par le* DOUBLE *du premier chiffre de la racine : le quotient donne le second chiffre ; on l'écrit à la droite du premier.*

Pour vérifier le second chiffre, on l'écrit aussi à la droite du double du premier ; on multiplie le nombre ainsi formé par le second chiffre de la racine, et l'on ôte le produit du premier reste suivi de la seconde tranche. Si la soustraction est impossible, c'est une preuve que le second chiffre est trop fort : on le diminue d'une unité, on recommence la vérification, et l'on continue de même jusqu'à ce que la soustraction puisse s'effectuer.

Ayant les deux premiers chiffres de la racine, on s'en sert pour trouver le troisième, comme on s'est servi du premier pour obtenir le second. On continue ainsi jusqu'à ce qu'on ait employé toutes les tranches du nombre proposé.

222. Il faut bien remarquer 1° Qu'aucun reste ne doit surpasser le double de la racine calculée ; 2° Que si le nombre des dizaines d'un reste suivi de la tranche écrite à sa droite, ne contient pas le double de la racine alors calculée, le chiffre que l'on cherche est *zéro*.

223. Pour vérifier l'opération, il suffit de carrer la racine, et d'ajouter au carré le reste, s'il y en a : on doit retrouver le nombre proposé.

EXEMPLE. *Extraire, à moins d'une unité près, la racine carrée de 13 753 000.*

Séparant ce nombre en tranches de deux chiffres, j'ai 13·75·30·00. — Le plus grand carré contenu dans 13 est 9, dont la racine est 3 ; ainsi 3 est le premier chiffre de la racine ; je l'écris à la droite du nombre proposé, dont je le sépare par un trait. J'ôte 9 de 13, et à droite du reste 4, j'écris la seconde tranche 75, ce qui me donne 475. — Je divise 47 par 6, double de 3, et j'ai 7 pour second chiffre de la racine ; je l'écris à la droite du premier. Pour le vérifier, et trouver le reste, je l'écris aussi à la droite du double de 3. Je multiplie le nombre 67, ainsi formé, par le second chiffre 7 ; et j'ôte le produit de 475. A droite du reste 6, j'écris la troisième tranche 30 ; comme 63 ne contient pas le double de 37, j'en conclus que le troisième chiffre de la racine est zéro. — A droite de 630, j'écris la quatrième tranche, ce qui me donne 63 000 ; je divise 6300 par 740, double de 370, et j'obtiens 8 pour quatrième chiffre de la racine. Je l'écris à la droite de 370. Pour le vérifier, et trouver le reste, je l'écris aussi à la droite de 740 : multipliant 7408 par 8, et ôtant le produit de 63 000, j'obtiens pour *reste* 3736 : ce reste indique de combien le nombre proposé surpasse le carré de 3708, en sorte que

$$3708^2 + 3736 = 13\,753\,000.$$

Le reste 3736 ne surpassant pas le double de 3708, il s'ensuit que la racine demandée est 3708.

224. Pour avoir la racine carrée d'une fraction dont les termes sont des carrés parfaits, on extrait la racine de chacun de ses termes.

Ainsi,   La racine carrée de $\frac{1}{4}$ est $\frac{1}{2}$, car $\left(\frac{1}{2}\right)^2 = \frac{1}{4}$.
La racine carrée de $\frac{4}{9}$ est $\frac{2}{3}$, car $\left(\frac{2}{3}\right)^2 = \frac{4}{9}$.

225. Si le dénominateur seul est un carré parfait, on extrait la racine du numérateur, à moins d'une unité près; on extrait ensuite celle du dénominateur : on a ainsi la racine de la fraction à un degré d'exactitude marqué par le nouveau dénominateur.

Par exemple, la racine carrée de $\frac{12}{25}$ est $\frac{3}{5}$, à moins d'un 5e près. En effet, le carré de $\frac{3}{5}$ est moindre, et celui de $\frac{4}{5}$ est plus grand que $\frac{12}{25}$.

226. Si le dénominateur n'est pas un carré parfait, on lui donne cette condition en multipliant les deux termes de la fraction par le dénominateur : alors on rentre dans le cas précédent (**225**).— *Exemples.*

I. $\quad \sqrt{\frac{5}{14}} = \sqrt{\frac{5 \cdot 14}{14 \cdot 14}} = \dfrac{\sqrt{70}}{14} = \frac{8}{14}$, ou $\frac{4}{7}$, à $\frac{1}{14}$ près.

II. $\quad \sqrt{\frac{13}{30}} = \sqrt{\frac{13 \cdot 30}{30 \cdot 30}} = \dfrac{\sqrt{390}}{30} = \frac{19}{30}$, à $\frac{1}{30}$ près.

REMARQUE. Lorsque le dénominateur proposé renferme des facteurs premiers élevés au carré, ou au cube,... on peut avoir un dénominateur plus simple : alors, il suffit de multiplier les deux termes de la fraction par chacun des facteurs premiers dont l'exposant est impair. Par exemple, pour que 12, qui est égal à $2^2 . 3$, devienne un carré, il suffit de multiplier ce nombre par 3.— Ainsi,

I. $\quad \sqrt{\frac{5}{12}} = \sqrt{\frac{5 \cdot 3}{12 \cdot 3}} = \dfrac{\sqrt{15}}{\sqrt{36}} = \frac{3}{6}$, ou $\frac{1}{2}$, à $\frac{1}{6}$ près.

II. $\quad \sqrt{\frac{7}{40}} = \sqrt{\frac{7 \cdot 10}{40 \cdot 10}} = \dfrac{\sqrt{70}}{\sqrt{400}} = \frac{8}{20}$, ou $\frac{2}{5}$, à $\frac{1}{20}$ près.

227. Si le nombre donné est fractionnaire, on peut le réduire en une seule fraction (**154**), puis opérer comme pour une fraction (**224** *et suiv.*).— *Exemples.*

I. $\quad \sqrt{6\frac{1}{4}} = \sqrt{\frac{25}{4}} = \frac{5}{2}$, ou $2\frac{1}{2}$ $\qquad$ (**224**).

II. $\quad \sqrt{12\frac{4}{9}} = \sqrt{\frac{112}{9}} = \frac{10}{3}$, ou $3\frac{1}{3}$ $\qquad$ (**225**).

III. $\quad \sqrt{27\frac{3}{7}} = \sqrt{\frac{192}{7}} = \sqrt{\frac{192 \cdot 7}{7 \cdot 7}} = \frac{36}{7} = 5\frac{1}{7}$ (**226**).

IV. $\quad \sqrt{88\frac{5}{8}} = \sqrt{\frac{709}{8}} = \sqrt{\frac{709 \cdot 2}{8 \cdot 2}} = \frac{37}{4} = 9\frac{1}{4}$ (*Rem.*).

228. Quel que soit le nombre dont on veut la racine carrée, si le degré d'approximation est donné, on peut le multiplier par le carré de celui qui marque ce degré ; extraire la racine du produit, à moins d'une unité près, et lui donner le dénominateur indiqué.

Exemple I. *Trouver $\sqrt{\frac{3}{4}}$, à moins d'un 20° près.*

Solution : $\frac{3}{4} \times 20^2 = 300$; $\sqrt{300} = 17\ldots$

donc,   Racine demandée $\frac{17}{20}$.

Exemple II. *Trouver $\sqrt{123\frac{4}{5}}$, à moins d'un 30e près.*

Solution : $123\frac{4}{5} \times 30^2 = 111\,420$; $\sqrt{111\,420} = 333\ldots$

donc,   Racine demandée $\frac{333}{30} = 11\frac{4}{10}$.

Exemple III. *Évaluer $\sqrt{12}$, à moins d'un 1000e près.*

Solution : $12 \cdot 1000^2 = 12\,000\,000$; $\sqrt{12\,000\,000} = 3464\ldots$

donc,   Racine demandée $\frac{3464}{1000} = 3{,}464$.

Exemple IV. *Évaluer $\sqrt{4\frac{5}{7}}$, à moins d'un $10\,000^e$ près.*

Solution : $\sqrt{4\frac{5}{7} \times 10\,000^2} = \sqrt{471\,428\,571\ldots} = 21\,712\ldots$

donc,   Racine demandée $\frac{21712}{10000} = 2{,}1712$.

Exemple V. *Évaluer $\sqrt{10{,}245}$, à moins d'un 100e près.*

Solution : $\sqrt{10{,}245 \times 100^2} = \sqrt{102\,450} = 320\ldots$

donc,   Racine demandée $\frac{320}{100} = 3{,}20$.

229. Ces Exemples nous montrent que, *quand le degré d'approximation est* décimal, la préparation revient, si le nombre proposé est *entier* (Ex. III), à écrire à sa droite deux fois plus de zéros qu'on ne veut de décimales au résultat ; s'il est *fractionnaire* (Ex. IV), à réduire la fraction en décimales, en ayant soin de calculer deux fois plus de chiffres décimaux qu'on n'en veut au résultat demandé ; enfin, s'il est *décimal* (Ex. V), à rendre le nombre des chiffres décimaux double de celui qu'on demande à la racine. — On supprime ensuite la virgule, on extrait la racine carrée du nouveau nombre, à moins d'une unité près, et l'on sépare sur sa droite, le nombre de décimales demandé.

CHAPITRE VIII.—Notions de Géométrie.—Métrage, Aréage.

—

Leçon I.— Définitions relatives aux Surfaces (a).

230. On appelle *ligne*, ce qui a longueur seulement, sans largeur, ni épaisseur ou hauteur : la distance d'un point à un autre est une ligne.

231. Il y a deux sortes de lignes : la ligne droite et la ligne courbe. — La ligne *droite* est le plus court chemin d'un point à un autre; la ligne *courbe* est celle qui n'est ni droite, ni composée de lignes droites.

AB (Fig. 1) est une ligne droite; ABC (Fig. 2) est une ligne courbe.

232. On appelle *surface*, ce qui a deux dimensions, longueur et largeur, sans aucune épaisseur ou profondeur : le dessus d'un plancher est une surface.

233. Le *plan* est une surface sur laquelle on peut tracer une ligne droite dans tous les sens : la surface d'une glace bien unie est un plan.

234. On appelle *cercle*, un plan limité par une ligne courbe dont tous les points sont également distants d'un point intérieur nommé *centre :* cette ligne courbe se nomme *circonférence*. — Les *rayons* sont des droites qui, partant du centre, se terminent à la circonférence; les *diamètres* passent par le centre, et se terminent à la circonférence de part et d'autre.

La courbe ABCD (Fig. 3) est une circonférence, dont O est le centre; OA est un rayon; BD est un diamètre ; et la surface renfermée par ABCD est un cercle.

235. Toute circonférence, petite ou grande, se divise en 360 parties égales appelées *degrés ;* le degré se divise en 60 *minutes*, la minute en 60 *secondes*.

(a) Dans cet Abrégé il ne sera question que des *Surfaces*.

Les degrés, minutes, secondes, se désignent respectivement par °, ', ".— Ainsi, on écrira : *La circonférence* $= 360° = 21 600' = 1 296 000''$.

236. Un *arc* est une portion plus ou moins grande de la circonférence ; la droite qui joint les deux extrémités d'un arc, en est la *corde*.

AmB (Fig. 3) est un arc, dont la droite AB est la corde. Cette même droite AB est aussi la corde de l'arc ADCB.

237. On appelle *angle*, l'ouverture plus ou moins grande de deux lignes qui se rencontrent ; ces deux lignes sont les *côtés* de l'angle, et leur point de rencontre, le *sommet*.

La Figure 4 représente un angle, dont A est le sommet, et les droites AB, AC, les côtés.

238. Lorsqu'un seul angle a son sommet en un point, on l'énonce ordinairement par une seule lettre, que l'on place au sommet ; mais si plusieurs angles ont un sommet commun, on emploie trois lettres qu'on place, une au sommet, et les deux autres le long des côtés. Quand on énonce l'angle, on doit toujours nommer celle du sommet la seconde.

Ainsi, dans la Figure 4, on dira : *L'angle* BAC, ou *l'angle* CAB, ou simplement, *l'angle* A.— Mais, dans la Figure 5, il faut dire : *L'angle* BAC, *l'angle* BAD, etc. Toutefois, les angles partiels peuvent aussi s'énoncer par une seule lettre, qu'on place dans l'intérieur. Au lieu de : *L'angle* BAC, *l'angle* CAD, *l'angle* DAE, on peut dire : *L'angle* x, *l'angle* y, *l'angle* z.

239. Un angle *rectiligne* est celui dont les côtés sont des lignes droites (Fig. 4 et 5).

Nous ne parlerons que des angles rectilignes.

240. Il y a trois sortes d'angles relativement à leur grandeur : l'angle *droit*, dont chaque côté ne penche ni vers l'autre côté, ni vers son prolongement ; l'angle *aigu*, qui est moins ouvert que l'angle droit ; et l'angle *obtus*, qui est plus ouvert que l'angle droit.

La Figure 6 présente deux angles droits, BAD, DAF : quatre angles aigus, m, n, o, p ; et deux angles obtus, BAE, CAF.

241. Un angle a pour mesure le nombre des degrés et parties de degré de l'arc compris entre ses côtés, et décrit de son sommet comme centre,

L'angle droit BAD (Fig. 6) a pour mesure l'arc BCD ; qui vaut le quart de la circonférence ou 90° ; l'angle aigu *m* a pour mesure l'arc BC, moindre que 90° ; l'angle obtus BAE a pour mesure l'arc BDE, plus grand que 90°. — On voit que la grandeur de l'angle ne dépend pas de la longueur de ses côtés.

242. Une droite est *perpendiculaire* à une autre, lorsque la première forme avec la seconde un angle droit.

Ainsi, AD (Fig. 6) est perpendiculaire à AB, car BAD est un angle droit ; mais l'angle *m*, n'étant pas droit, AC est *oblique* à AB.

243. Deux droites, qui sont dans le même plan, sont *parallèles*, lorsqu'elles ne peuvent se rencontrer, à quelque distance qu'on les imagine prolongées. — Telles sont AB et CD (Fig. 7).

244. Un *polygone* est une figure terminée par plusieurs lignes ou *côtés*. On appelle en particulier *triangle*, le polygone de trois côtés ; *quadrilatère*, celui de quatre côtés ; *pentagone*, celui de cinq côtés ; *hexagone*, celui de six côtés ; *octogone*, celui de huit côtés ; *décagone*, celui de dix côtés ; etc.

245. On appelle *diagonale*, une droite qui joint deux sommets non adjacents à un même côté.

Les droites BD, BE (Fig. 8), sont des diagonales.

246. Le *périmètre* d'un polygone est le contour de ce polygone.

247. Le polygone est *régulier*, lorsque tous ses côtés sont égaux, et que tous ses angles sont égaux (Fig. 9).

Pour construire un polygone régulier, il suffit de tracer une circonférence, et de la diviser en autant de parties égales qu'on veut de côtés dans la figure : joignant ensuite par une droite chaque point de division au suivant, on a le polygone demandé. — Le centre de la circonférence est aussi celui du polygone régulier.

248. La droite (CO, Fig. 9) tirée du centre du polygone régulier au milieu d'un de ses côtés, est perpendiculaire à ce côté, et se nomme l'*apothème* de ce polygone.

249. Il y a trois sortes de triangles relativement aux longueurs égales ou inégales de leurs côtés : le triangle *équilatéral*, dont les trois côtés sont égaux ; le triangle *isoscèle*, dont deux côtés seulement sont égaux ; et le triangle *scalène*, dont tous les côtés sont inégaux.

250. Il y a deux sortes de triangles relativement à leurs angles : le triangle *obliquangle*, qui n'a pas d'angle droit (Fig. 10 et 11) ; et le triangle *rectangle*, qui a un angle droit, et dont le plus grand côté (le côté opposé à l'angle droit) s'appelle *hypothénuse* (Fig. 12).

L'angle droit étant A, l'hypothénuse est BC ; et les droites AB, AC, sont les côtés de l'angle droit.

251. Si l'on exprime, au moyen d'une unité quelconque, la juste longueur de chaque côté d'un triangle rectangle, on trouvera que toujours *le carré de l'hypothénuse = la somme des carrés des côtés de l'angle droit* ; et, par une suite nécessaire, que *le carré d'un des côtés de l'angle droit = le carré de l'hypothénuse, moins le carré de l'autre côté*. On peut donc aisément calculer un des côtés du triangle rectangle, lorsqu'on connaît les deux autres. — *Exemples.*

I. Lorsque AB $= 4$, et que AC $= 3$ (Fig. 12), on a

Le carré de $\qquad$ BC $= 4^2 + 3^2 = 16 + 9 = 25$:

donc, $\qquad$ L'hypothénuse $\qquad$ BC $= \sqrt{25} = 5$.

II. Lorsque BC $= 26$, et que AC $= 10$, on a

Le carré de AB $= 26^2 - 10^2 = 676 - 100 = 576$:

donc, $\qquad$ Le côté $\qquad$ AB $= \sqrt{576} = 24$.

252. Dans un triangle, on appelle *base*, un côté quelconque ; la *hauteur* est la perpendiculaire à la base, et elle est comprise entre cette base et le sommet de l'angle opposé.

Dans la Figure 13, selon que la base est AB, BC, ou AC, la hauteur est C*p*, A*m*, ou B*n*.

253. Il y a trois sortes de quadrilatères : le quadrilatère simplement dit, le trapèze, et le parallélogramme. — Dans le *quadrilatère simplement dit*, aucun côté n'est parallèle à un autre (Fig. 14).

254. *Le trapèze* est un quadrilatère dont deux côtés seulement sont parallèles. — Ces côtés parallèles sont les *bases* du trapèze, et la *hauteur* est une perpendiculaire menée d'une base sur l'autre (Fig. 15).

Les bases sont AB et CD, et la hauteur OH.

255. *Le parallélogramme* est un quadrilatère dont les

côtés opposés sont parallèles.— *La base* est un côté quelconque ; *la hauteur* est une perpendiculaire à la base, et elle est comprise entre cette base et le côté opposé (FIG. 16).

La base étant AB, ou CD, la hauteur est OH.— La base d'un parallélogramme porte aussi le nom de *longueur*, la hauteur celui de *largeur*; et la base et la hauteur s'appellent d'un nom commun *dimensions*.

256. Il y a quatre sortes de parallélogrammes : *le rectangle*, dont les angles sont droits et les côtés inégaux (FIG. 17) ; *le carré*, dont les angles sont droits et les côtés égaux (FIG. 18) ; *le losange*, dont les angles ne sont pas droits, mais dont les côtés sont égaux (FIG. 19) ; et *le rhomboïde*, dont les angles ne sont pas droits, et dont les côtés sont inégaux (FIG. 16).— *Dans tout parallélogramme, les côtés opposés sont égaux.*

257. On appelle *ellipse*, une courbe plane telle que la somme des distances de chacun de ses points à deux points fixes du plan est constante. Ces deux points fixes se nomment *foyers*; la droite qui les joint, terminée à la courbe de part et d'autre, s'appelle *grand axe*; la perpendiculaire sur le milieu du grand axe, et terminée aussi à la courbe, est *le petit axe*; et le point où se coupent les deux axes est le *centre* de l'ellipse.— On donne aussi le nom d'ellipse à la surface renfermée par la courbe.

Soit ACBD (FIG. 20) une ellipse. Les foyers étant F et F', le grand axe sera AB, le petit axe CD, et le centre O.— On aura

$$AF + AF' = PF + PF' = CF + CF' = \ldots$$

Ainsi, $\quad AF + AF' = BF' + BF.$

c'est-à-dire, $\quad AF + AF' + FF' = BF' + BF' + FF';$

par conséquent, $\quad AF = BF' :$

donc, $\quad AF + AF' = BF' + AF' = AB,$

ce qui montre que *la somme constante des distances d'un point quelconque de l'ellipse aux deux foyers, est égale au grand axe.*

LEÇON II. — Métrage des Surfaces. — Aréage.

258. *Le* MÉTRAGE *des surfaces* est l'art de trouver le nombre des unités superficielles qu'elles contiennent.

Le nom de *métrage* vient de ce que les dimensions se mesurent avec le mètre.

Le métrage prend le nom d'*aréage*, quand il s'agit de mesurer la surface des terrains, parce qu'alors la surface s'exprime en *ares*.

259. PARALLÉLOGRAMME. — *Pour trouver la surface d'un* PARALLÉLOGRAMME (255), *on multiplie la base par la hauteur.*

En sorte que S étant la surface d'un parallélogramme quelconque, b étant sa base, et h sa hauteur, on a toujours $S = b.h$.

N. B. Les Élèves doivent bien remarquer que le produit de la base par la hauteur donne des *mètres carrés*, ou des *décimètres carrés*, ou des *centimètres carrés*,... selon que les dimensions sont exprimées en *mètres*, ou en *décimètres*, ou en *centimètres*,... Cette observation est applicable à toutes les Figures.

PROBLÈME. *Un menuisier a fait un plancher de* 18^m,50 *de long, sur* 8^m,40 *de large ; combien lui est-il dû, à* 3^f,75 *le mètre carré ?*

Ce plancher présente un rectangle de 18^m.50 de base, et 8^m.40 de hauteur ; donc, *surface*, en mètres carrés, $18,50 \times 8.40 = 155,40$:

$$\text{Quantité demandée} \quad 3,75 \times 155,40 = 582^f,75.$$

260. TRIANGLE. — *Pour trouver la surface d'un* TRIANGLE (244), *on multiplie la base par la hauteur, et on prend la moitié du produit.*

Ainsi, S étant la surface d'un triangle quelconque, dont b est la base et h la hauteur, on a toujours............ $S = \frac{1}{2} b.h$.

PROBLÈME. *Le toit d'une maison présente, dans une partie, un triangle de* 7^m,50 *de base, sur* 3^m,80 *de hauteur ; combien coûte cette partie, à* 2^f,40 *le mètre carré ?*

$$\text{Surface du triangle} = \text{la moitié de } 7,50 \times 3.80 = 14^{mq},25 ;$$
$$\text{Prix demandé} \quad 2^f,40 \times 14,25 = 34^f,20.$$

261. Il arrive quelquefois qu'on ne peut pas commodément abaisser et mesurer la perpendiculaire à la base : alors, si l'on peut mesurer chacun des côtés, *Pour trouver la surface du triangle, on fait une somme des trois côtés, et on en prend la moitié ; de cette moitié, on retranche tour à tour chacun des côtés* (a), *ce qui donne trois restes ; on*

____

(a) Les trois soustractions doivent toujours être possibles, et aucun des restes ne peut être nul : s'il en était autrement, le triangle n'existerait pas.

multiplie la demi somme successivement par les trois restes;
la RACINE CARRÉE *du produit est la surface du triangle.*

Ainsi, S étant la surface d'un triangle, dont a, b, c, sont les côtés, et s la demi-somme, on a toujours

$$S = \sqrt{s \cdot (s - a) \cdot (s - b) \cdot (s - c)}.$$

EXEMPLE. *Quelle est la surface d'un triangle dont les côtés ont respectivement* $14^m, \ldots 22^m,50 \ldots 26^m,50$?

Demi-somme des trois côtés, $s = 31^m,50$;
Les trois restes sont $17,50 \ldots 9 \ldots 5$;

Surface demandée $S = \sqrt{24\,806,25} = 157^{mm},50.$

262. TRAPÈZE. — *Pour trouver la surface d'un* TRAPÈZE (**254**), il suffit de *multiplier la somme des bases par la hauteur, et de prendre la moitié du produit.*

En sorte que S étant la surface d'un trapèze, dont les bases sont b et b', et la hauteur h, on a toujours … $S = \frac{1}{2}(b + b') \cdot h.$

PROBLÈME. *Une pièce de terre formant un trapèze ayant pour bases* $64^m,40$ *et* $89^m,30$, *et pour hauteur* 75^m, *est achetée à* $72^f,40$ *l'are : combien doit-on payer?*

Surface...... $\frac{1}{2}(64,4 + 89,3) \cdot 75 = 5763^{mm},75 = 57^{ares},6375.$
Prix demandé............ $72^f,40 \times 57,6375 = 4172^f,955.$

263. Pour trouver la surface d'un polygone autre que le parallélogramme, le triangle et le trapèze, **on** peut mener d'un sommet des diagonales aux autres sommets, et le polygone se trouve partagé en autant de triangles qu'il y a de côtés, moins deux (FIG. 8) : calculant alors la surface de chaque triangle (**260**, **261**), et les réunissant toutes, on a la surface cherchée.

264. Dans l'Aréage, lorsqu'on fait usage de l'*équerre*, on se contente ordinairement d'une diagonale AD (FIG. 21), qu'on nomme *directrice*, laquelle joint deux sommets éloignés. De chacun des autres sommets, on abaisse une perpendiculaire sur la directrice, et le polygone est divisé en triangles rectangles et en trapèzes.

PROBLÈME. *Un terrain*, ayant la forme de la FIG. 21, *est loué à raison de* $123^f,45$ *l'hectare. Trouver à un centime près*, *ce que le fermier doit payer annuellement au propriétaire, sachant que* Am $= 31^m$, Gm $= 22^m$, mn $=$

$23^m,50$, $n\mathrm{B} = 77^m$, $no = 38^m,50$, $o\mathrm{F} = 81^m,20$, $op = 45^m$, $p\mathrm{C} = 35^m,40$, $pr = 40^m$, $r\mathrm{E} = 49^m,30$ et $r\mathrm{D} = 24^m$.

La figure contient quatre triangles et trois trapèzes, dont il faut trouver la surface, afin de pouvoir calculer la quantité demandée. Mais, au lieu de prendre la moitié de chaque produit, il est plus court, après les avoir ajoutés ensemble, de prendre la moitié de leur somme. Remarquant que les perpendiculaires Gm, nB,.... sont les bases des figures partielles, et que les parties Am, mn.... de la directrice, en sont les hauteurs, on trouvera donc (**260**, **262**)

Triangle ABn........ $(31 + 23,50).77 = 4196,50$;
Trapèze Bopn...... $(77 + 35,40).(38.50 + 45) = 9385,40$;
Triangle CDp........ $(40 + 24).35,40 = 2265.60$;
Triangle D$\mathrm{E}r$....... $24 \times 49,30 = 1183,20$;
Trapèze E$\mathrm{F}or$...... $(49,3 + 81.2).(45 + 40) = 11092,50$;
Trapèze FGmo...... $(81,2 + 22).(23,5 + 38,5) = 6398,40$;
Triangle AGm...... $22.31 = 682$

Demi-somme des sept produits, ou surface totale, $= 17601^{mm},80$, ce qui fait (**95**)............ $176^{ares},018 = 1^{hect},76018$:

donc (**58**, 1°), Quantité demandée $123^f,45 \times 1,76018 = 217^f,30$.

265. POLYGONES RÉGULIERS. — On peut opérer comme il vient d'être dit (**263**, **264**), lors même que le polygone est *régulier* (**247**) ; mais, dans ce dernier cas, le calcul peut s'abréger, car *Pour trouver la surface d'un* POLYGONE RÉGULIER, *il suffit d'en multiplier le périmètre* (**246**) *par l'apothème* (**248**), *et de prendre la moitié du produit.*

266. La longueur de l'apothème dépendant de celle du côté, on peut calculer la surface d'un polygone régulier au moyen du côté seulement. *Cette surface*, en effet, *est égale au* CARRÉ *du côté*, multiplié par *un nombre qui est le même* pour toutes les figures d'un égal nombre de côtés.

En désignant la surface par S, et le côté par C, on a toujours

Pour le Polyèdre régulier	De 3 côtés (triang. équil.)..	$S = C^2 \times 0,43301$
	De 4 côtés (le carré)........	$S = C^2 \times 1 = C^2$
	De 5 côtés................	$S = C^2 \times 1,72048$
	De 6 côtés................	$S = C^2 \times 2,59808$
	De 7 côtés................	$S = C^2 \times 3,63393$
	De 8 côtés................	$S = C^2 \times 4,82843$
	De 9 côtés................	$S = C^2 \times 6,18182$
	De 10 côtés................	$S = C^2 \times 7,69421$
	De 12 côtés................	$S = C^2 \times 11,19615$
	De 15 côtés................	$S = C^2 \times 17,64236$
	De 20 côtés................	$S = C^2 \times 31,56876$

267. FIGURES IRRÉGULIÈRES, *à côtés non rectilignes.*
—Il arrive fréquemment que certains côtés d'une figure,
au lieu d'être rectilignes, sont plus ou moins sinueux.
Alors, on a recours à des compensations (FIG. 22); ou
bien (FIG. 23), tirant une droite AB, qui soit tout entière
sur la surface à mesurer, on abaisse des perpendiculaires assez rapprochées l'une de l'autre, pour que
chaque portion de la courbe interceptée puisse être
regardée sensiblement comme droite : dans ce dernier
cas, la figure se trouvant partagée en triangles et en
trap'zes, on opère comme dans le N° **264.** — Il est
d'ailleurs à remarquer que, si les perpendiculaires sont
équidistantes, une surface, telle que ABC, comprise
entre une droite AB et une courbe ACB, et terminée de
part et d'autre par un triangle, a pour mesure *la somme
des perpendiculaires* multipliée par *la distance de deux
perpendiculaires consécutives.*

Par exemple, si la distance entre deux perpendiculaires consécutives est de 20^m, et que les longueurs de ces lignes, au nombre
de sept, soient 5, 8, 17, 14, 10, 12 et 9 mètres, la surface sera
$(5 + 8 + 17 + 14 + 10 + 12 + 9).20 = 75.20 = 1500^{mm} = 15$ ares.

On calculerait absolument de la même manière la
surface ACBD (FIG. 24), comprise entre les deux courbes
ACB, ADB; mais dans la FIG. 25, terminée d'une part
par un triangle et de l'autre par un trapèze, on ne pren-
drait que *la moitié* de la dernière perpendiculaire BC.

268. CIRCONFÉRENCE. — *La circonférence* du cercle (234) est
égale à son diamètre $\times$ un nombre constant, que les Géomètres
désignent par π (*a*) ; en sorte que d étant le diamètre, ou r le
rayon, en remarquant que le diamètre vaut deux rayons, on voit

que l'on a toujours   Circonf. $= d \cdot \pi = 2r \cdot \pi,$
ou bien   Circonf. $= \pi \cdot d = 2\pi \cdot r.$

Or, on a trouvé $\pi = 3,141\ 592\ 653\ldots = $ à peu près $3\frac{1}{7} = $ beaucoup plus exactement $\frac{355}{113}$. — La valeur $3\frac{1}{7}$ peut s'employer dans
la plupart des cas; et $\frac{355}{113}$ donne un résultat suffisamment exact
pour tous les besoins de l'industrie.— Ainsi,

Pour trouver LA CIRCONFÉRENCE *d'un cercle, il suffit de
multiplier son diamètre par* $3\frac{1}{7}$, ce qui se fait en mul-

---

(*a*) Le caractère π est une lettre de l'alphabet grec ; elle
s'appelle *pi*.

tipliant le diamètre par 3 , et ajoutant au produit le 7ᵉ du diamètre ; ou bien , si l'on a besoin d'une grande précision , *de multiplier le diamètre par* $\frac{355}{113}$, ce qui se fait en multipliant le diamètre par 355 , et divisant le produit par 113.

EXEMPLE. *Trouver la circonférence d'un cercle dont le diamètre est de 8 mètres.*

$$\text{Circonf. demandée} \quad 8^m \times 3\tfrac{1}{7} = 25^m,143 \text{ à p. p.}$$
$$\text{ou bien} \ldots\ldots\ldots \quad 8^m \times \tfrac{355}{113} = 25^m,133.$$

269. CERCLE. — *La surface d'un* CERCLE *est égale à sa circonférence* $\times$ *la moitié de son rayon.*

En sorte que S étant la surface du cercle et r le rayon, comme la circonférence est $2\pi \cdot r$ (268), on a toujours

$$S = 2\pi \cdot r \cdot \tfrac{1}{2}r = \pi \cdot r \cdot r = \pi \cdot r^2 \qquad \text{Ainsi,}$$

Pour trouver la surface d'un CERCLE , *on peut carrer le rayon , et multiplier le carré par* π, *c'est-à-dire par* $3\tfrac{1}{7}$, *ou par* $\frac{355}{113}$.

EXEMPLE. *Quelle est la surface d'un cercle dont le rayon est de 8 mètres ?*

$$\text{Surface demandée} \quad 8^2 \times 3\tfrac{1}{7} = 201^{mm},14$$
$$\text{ou bien} \ldots\ldots \quad 8^2 \times \tfrac{355}{113} = 201^{mm},06$$

270. ELLIPSE. — Pour trouver la surface d'une *ellipse* (257) , il suffit de multiplier le grand axe par le petit axe, et le produit par π : le quart du nouveau produit est le résultat cherché.

PROBLÈME. *Trouver le prix d'une table formant une ellipse dont les axes sont de* 3ᵐ,50 *et de* 1ᵐ,90; *sachant que le mètre carré est payé* 12ᶠ,80.

$$\text{Surface de la table}\ldots \quad \tfrac{1}{4} \text{ de } 3,5 \times 1,9 \times 3\tfrac{1}{7},$$
$$\text{ou bien}\ldots\ldots\ldots \quad \tfrac{1}{4} \text{ de } 3,5 \times 1,9 \times \tfrac{355}{113} :$$

donc ,
$$\text{Prix demandé.} \quad \tfrac{1}{4} \text{ de } 12,8 \times 3,5 \times 1,9 \times 3\tfrac{1}{7} = 66^f,88,$$
$$\text{ou bien}\ldots \quad \tfrac{1}{4} \text{ de } 12,8 \times 3,5 \times 1,9 \times \tfrac{355}{113} = 66^f,85.$$

APPENDICE.

I. *Trouver deux nombres dont on connaît la somme et la différence.*

Il est évident que le plus grand des deux nombres est égal au plus petit $+$ la différence ; donc la somme des deux nombres se compose de *deux fois* le plus petit $+$ la différence : donc, si de la somme on ôte la différence, on aura *le double* du plus petit nombre ; prenant alors la moitié, on aura le plus petit nombre ; ajoutant à celui-ci la différence, on aura le plus grand. — Par exemple, *si la somme de deux nombres est 1234, et leur diffé-rence 96*, le plus petit est $\frac{1234-96}{2} = \frac{1138}{2} = 569$, et le plus grand, $569 + 96 = 665$.

II. *Trouver le nombre dont la moitié, le tiers et le quart font 104.*

Comme $\frac{1}{2} + \frac{1}{3} + \frac{1}{4} = \frac{6}{12} + \frac{4}{12} + \frac{3}{12} = \frac{13}{12}$, j'en conclus que $\frac{13}{12}$ du nombre demandé font 104 ;

donc $\frac{1}{12}$ de ce nombre vaut $\frac{104}{13}$;

et les $\frac{12}{12}$, ou le nombre tout entier, $\frac{104 \cdot 12}{13} = 96$.

III. *La somme de deux nombres est 132, et le sixième du plus grand est égal au cinquième du plus petit ; quels sont ces deux nombres ?*

Puisque $\frac{1}{6}$ du plus grand nombre $= \frac{1}{5}$ du plus petit, on a $\frac{6}{6}$ du pl. gr., ou le pl. gr. tout entier, $= \frac{6}{5}$ du pl. p. : donc, La somme des deux $= \frac{6}{5}$ du pl. p. $+$ le pl. p. $= \frac{11}{5}$ du pl. p.

Or, la somme des deux nombres demandés est 132 :

donc, $\frac{11}{5}$ du plus petit nombre...... $= 132$;

$\frac{1}{5}$ .... $= \frac{132}{11}$;

et $\frac{5}{5}$ du pl. p., ou ce pl. p. tout entier, $= \frac{132 \cdot 5}{11} = 60$;

par conséquent, le plus grand nombre $= 132 - 60 = 72$.

IV. *L'eau d'un bassin est fournie par trois tuyaux. Le premier le remplirait seul en 20 heures, le second en 25 heures, et le troisième en 30 heures. Si les trois tuyaux coulaient ensemble, en combien d'heures rempliraient-ils ce bassin ?*

D'après cet énoncé, le premier tuyau donne par heure $\frac{1}{20}$ de la contenance du bassin, le second en donne $\frac{1}{25}$, et le troisième $\frac{1}{30}$; donc, coulant ensemble, ils en donneraient par heure

$$\tfrac{1}{20} + \tfrac{1}{25} + \tfrac{1}{30} = \tfrac{15}{300} + \tfrac{12}{300} + \tfrac{10}{300} = \tfrac{37}{300}.$$

Ainsi, $\frac{37}{300}$ de la contenance sont donnés en 1^{h}; donc $\frac{1}{300}$ est donné en............ $\frac{1}{37}$ d'heure; et $\frac{300}{300}$, ou la contenance entière, en.. $\frac{300}{37}$ d'heure; ce qui fait $8^{\text{h}} \frac{4}{37}$, ou $8^{\text{h}}6^{\text{m}}29^{\text{s}} \frac{7}{37}$.

V. *On a payé* $22\,800^{\text{f}}$ *pour gratification à 105 officiers, tant capitaines que lieutenants. Les capitaines ont reçu chacun* 400^{f}, *et les lieutenants* 160^{f}. *Combien y avait-il d'officiers de chaque grade?*

Pour découvrir les deux nombres demandés, donnons d'abord 160^{f} à chacun des 105 officiers; il restera $22\,800^{\text{f}} - 160^{\text{f}}.105$, ou 600^{f}, qu'il faudra partager entre les seuls capitaines. Or, tous les officiers ayant reçu 160^{f}, il revient en outre à chaque capitaine $400 - 160$, ou 240^{f}: donc, il y a autant de capitaines que de fois 240^{f} dans 6000^{f}. Ainsi (69, 1°),

Nombre de capitaines......... $\frac{6000}{240} = 25$; donc, Nombre de lieutenants........ $105 - 25 = 80$.

VI. *Le change étant à 227 florins d'Amsterdam pour 480 francs, à 141 florins pour 160 marcs de Hambourg, et à 37 sous de Hambourg pour 4 roubles de Russie, trouver combien 20000 roubles de Russie valent de francs, sachant d'ailleurs que 16 sous de Hambourg valent un marc.*

Il est évident que pour avoir le nombre demandé, il suffit de trouver combien 1 rouble vaut de francs, et de multiplier cette valeur par 20,000. — Or,

4 roubles valant 37 sous,   ou $\frac{37}{16}$ de marc,
1 rouble vaut 4 fois moins, ou $\frac{37}{64}$ de marc;
160^{m} valant 141 florins, 1^{m} vaut $\frac{141}{160}$ de florin;
donc, 1 rouble, ou $\frac{37}{64}$ de marc, vaut les $\frac{37}{64}$ des $\frac{141}{160}$ d'un florin.

Puisque 227 florins valent 480 fr., 1 fl. vaut $\frac{480}{227}$ de franc: donc, 1 rouble vaut les $\frac{37}{64}$ des $\frac{141}{160}$ de $\frac{480}{227}$ de franc,
ce qui fait (N° 168) $\frac{480}{227}$ de franc $\times \frac{141}{160} \times \frac{37}{64}$;
donc, 20000 roubles valent $\frac{480}{227}$ de franc $\times \frac{141}{160} \times \frac{37}{64} \times 20000$.

Effectuant les calculs, on trouve........... $21\,545^{\text{f}}.98$.

VII. *Un négociant achète une propriété pour la somme de* 50000^{f}, *payable comme il suit : Le quart après 6 mois, le cinquième après un an, le huitième après 18 mois, le dixième après 2 ans, et le reste au bout de 3 ans. Il convient ensuite avec son créancier de lui payer les* 50000^{f} *tout d'une fois. A quelle époque doit se faire l'unique paiement, pour que les intérêts soient compensés?*

Suivant la première convention, le négociant paierait 12500^f après 6 mois, 10000^f après un an, 6250^f après 18 mois, 5000^f après 2 ans, et 16250^f après 3 ans : il a donc droit à l'intérêt du premier paiement pour six mois, du second pour 12 mois, du troisième pour 18 mois, du quatrième pour 24 mois, et du cinquième pour 36 mois. Or, en désignant par i l'intérêt d'un franc par mois, nous aurons pour l'intérêt des divers paiements :

$$
\begin{aligned}
&\text{De } 12500^{f} \text{ pour } 6^{m},\ldots\ldots\ldots\quad i.6.12500 = 75000i;\\
&\text{De } 10000^{f} \text{ pour } 12^{m},\ldots\ldots\ldots\quad i.12.10000 = 120000i;\\
&\text{De } 6250^{f} \text{ pour } 18^{m},\ldots\ldots\ldots\quad i.18.6250 = 112500i;\\
&\text{De } 5000^{f} \text{ pour } 24^{m},\ldots\ldots\ldots\quad i.24.5000 = 120000i;\\
&\text{De } 16250^{f} \text{ pour } 36^{m},\ldots\ldots\ldots\quad i.36.16250 = 585000i;
\end{aligned}
$$

ce qui fait en tout.................. $1012500i$.

Pour qu'il y ait compensation d'intérêt, il faut qu'il attende que les 50000^f, placés au même taux, aient donné un intérêt égal à $1012500i$. Mais, en appelant x le nombre de mois de l'époque demandée, l'intérêt des 50000^f à cette époque sera $i.x.50000$, ou $x.50000i$: donc on doit avoir

$$x.50000i = 1012500i,$$

d'où (69) $\qquad x = \dfrac{1012500i}{50000i} = \dfrac{1012500}{50000} = 20^{m}7\tfrac{1}{2}$.

N. B. Il est à remarquer que le taux de l'intérêt n'est absolument pour rien dans $\dfrac{1012500}{50000}$, valeur de l'inconnue.

VIII. *Un particulier achète des marchandises pour une somme de 1200^f, dont 600^f sont payables après 4 mois, 300^f après 10 mois, et le reste 300^f après 15 mois. S'il paie 400^f comptant, et 250^f après 8 mois, à quelle époque devra-t-il payer le reste 550^f, pour qu'il y ait compensation d'intérêt?*

Désignant par i l'intérêt d'un franc par mois, nous aurons pour l'intérêt des divers paiements, première convention :

$$
\begin{aligned}
&\text{De } 600^{f} \text{ pour } 4 \text{ mois}\ldots\ldots\quad i.4.600 = 2400i;\\
&\text{De } 300^{f} \text{ pour } 10 \text{ mois}\ldots\ldots\quad i.10.300 = 3000i;\\
&\text{De } 300^{f} \text{ pour } 15 \text{ mois}\ldots\ldots\quad i.15.300 = 4500i;
\end{aligned}
$$

ce qui fait en tout........................ $9900i$.

Mais les 400^f, payés comptant, ne lui donnent aucun intérêt, et les 250^f après 8 mois lui donnent seulement $i.8.250 = 2000i$; il lui revient donc $9900i - 2000i$ ou $7900i$, que doivent lui donner les 550^f qui restent à payer. Or, lui appelant x le nombre de mois qu'il doit attendre, l'intérêt des 550^f à cette époque sera $i.x.550$, ou $x.550i$: donc on doit avoir

$$x.550i = 7900i,$$

d'où (69) $\qquad x = \dfrac{7900i}{550i} = \dfrac{7900}{550} = 14^{m}11$.

Même remarque que dans le PROBLÈME VII.

IX. *Deux courriers vont dans le même sens, sur la même route. Le premier qui est parti depuis 26 heures, fait 12 kilomètres par heure ; le second fait un kilomètre en 4 minutes. A quelle distance du point de départ le premier courrier sera-t-il joint par le second ?*

Lorsque le second courrier se met en route, le premier a déjà fait 12.26 = 312 kilomètres. Pour qu'il y ait jonction, il faut donc que le second courrier gagne par sa vitesse plus grande 312^k sur le premier. Or, en faisant un kilomètre en 4 minutes, il en fait 15 dans une heure ; donc il gagne par heure sur le premier 15 — 12 = 3^k ; pour gagner 312^k, il lui faudra autant d'heures qu'il y a de fois 3^k dans 312^k ; donc (69. 1°), il lui faut $\frac{312}{3}$ = 104^h : donc la jonction se fera à 15^k.104 = 1560 kilomètres.

X. *Trouver le moment précis où les deux aiguilles d'une montre bien réglée indiquent le même point du cadran entre 3 et 4 heures.*

Au moment où l'aiguille des heures était sur 3 heures, celle des minutes était sur midi, c'est-à-dire qu'elle était de 15 divisions du cadran en arrière sur celle des heures. Cherchons donc en combien de temps l'aiguille des minutes gagne 15 divisions sur celle des heures : ce temps, ajouté à 3 heures, donnera l'instant demandé.— Or, l'aiguille des minutes va 12 fois plus vite que l'autre ; donc, dans le temps où elle parcourt une division du cadran, ce qu'elle fait en une minute, l'autre n'en parcourt que $\frac{1}{12}$; donc, elle gagne par minute $1 - \frac{1}{12} = \frac{11}{12}$ de division sur celle des heures. Par conséquent, il lui faut autant de minutes, pour gagner les 15 divisions, qu'il y a de fois $\frac{11}{12}$ dans 15. Ainsi (69, 1°), ce nombre de minutes est $15 : \frac{11}{12} = 15 \times \frac{12}{11} = 16 \frac{4}{11}$. Concluons de là que le moment précis demandé est 3^{h}16$^m \frac{4}{11}$.

XI. *Un nombre est tel que si l'on y ajoute 123, ou qu'on le multiplie par 10, on obtient le même résultat ; quel est ce nombre ?*

Le produit d'un nombre par 10 le contient 10 fois, ce qui est la même chose que *une* fois le nombre + 9 fois le nombre ; ainsi, pour obtenir le même résultat *par l'addition*, il faut, au nombre dont il s'agit, en ajouter un autre qui le contienne 9 fois ; donc, dans la question actuelle, 123 est égal à 9 fois le nombre demandé : donc

Nombre demandé........ $\frac{123}{9} = 13 \frac{2}{3}$.

XII. *Un nombre est tel qu'en le divisant par 10, ou en le diminuant de 123, on obtient le même résultat ; quel est ce nombre ?*

Le quotient d'un nombre par 10 en est le dixième, ce qui est la même chose que le nombre tout entier *diminué de ses 9 dixièmes* ; ainsi, pour obtenir le même résultat *par la soustraction*, il faut, du nombre dont il s'agit, en ôter un autre qui en contienne les $\frac{9}{10}$; donc, dans le problème actuel, 123 est égal aux $\frac{9}{10}$ du nombre demandé. Ainsi,

$$\frac{9}{10} \text{ du nombre demandé} = 123;$$

donc $\frac{1}{10} \ldots \ldots \ldots \ldots \ldots \ldots = \frac{123}{9};$

donc, Le nombre demandé $= \frac{123 \cdot 10}{9} = \frac{1230}{9} = 136 \frac{2}{3}.$

XIII. *Deux frères sont âgés, l'un de 24 ans et l'autre de 10 ans : combien y a-t-il que l'âge de l'aîné était le triple de celui de son frère? Dans combien d'années n'en sera-t-il plus que le double?*

La différence des deux âges est de 24 — 10 = 14 ans.

Or, lorsque le plus grand était *triple* du plus petit, leur différence était égale au *double* du plus petit; donc, le plus jeune avait alors $\frac{14}{2} = 7$ ans : donc *il y a* 10 — 7, ou 3 *ans, que l'aîné avait le triple de l'âge de son frère.*

Et lorsque le plus grand âge ne sera plus que le *double* du plus petit, leur différence sera *égale* au plus petit; donc alors, le plus jeune aura 14 ans : donc ce sera dans 14 — 10, ou 4 *ans, que l'âge de l'aîné sera double de celui du plus jeune.*

XIV. *Une paysanne vient au marché avec un panier d'œufs frais. Une cuisinière lui achète la moitié de son panier, et demande la moitié d'un œuf par-dessus le marché, ce que la marchande lui accorde. Un moment après, arrive une autre personne, qui lui achète la moitié de son reste, et reçoit aussi la moitié d'un œuf par-dessus. Enfin, arrive une troisième personne, qui achète la moitié du second reste ; elle reçoit comme les autres la moitié d'un œuf par-dessus, et il ne reste plus dans le panier qu'un œuf que la marchande donne à un mendiant. Combien le panier contenait-il d'œufs?*

Chaque personne, prenant un demi-œuf de plus que la moitié de ce qu'elle en trouve, laisse l'autre moitié moins un demi-œuf : donc elle prend *un œuf de plus qu'elle n'en laisse.* Or, la troisième a laissé un œuf; donc elle en a pris 2; donc elle en a trouvé 2 + 1, ou 3. La seconde ayant laissé 3 œufs, en a pris 4; donc elle en a trouvé 4 + 3, ou 7. Enfin, la première personne ayant laissé 7 œufs, en a pris 8; donc elle en a trouvé 8 + 7, ou 15. Ainsi, la paysanne avait 15 œufs.

XV. *Pierre dit à André : « Si je te donne 5 de mes pièces, nous en aurons autant l'un que l'autre ; et si tu m'en donnes 4 des tiennes, j'en aurai le triple de ce qu'il t'en restera. » Combien ont-ils de pièces l'un et l'autre?*

En ôtant 5 du plus grand nombre de pièces, et ajoutant 5 au

plus petit, on les rend égaux ; donc, pour rendre le plus petit
nombre égal au plus grand, il faut y ajouter deux fois 5, ou 10 :
donc 10 est la différence des deux nombres demandés. Mais en
diminuant le plus petit nombre de 4, et augmentant le plus grand
de 4, la différence est augmentée de deux fois 4, ou 8 ; donc elle
devient alors $10 + 8$, ou 18 : Or, dans ce cas, le plus grand
nombre est le triple du plus petit ; donc 18 est le double de ce
qu'est alors le plus petit : donc celui-ci est alors la moitié de 18,
c'est-à-dire 9. André a donc $9 + 4$ ou 13 pièces, et Pierre, $13 +$
10, ou 23.

XVI. *Louis et Charles avaient ensemble* 108^f ; *Louis a
dépensé le tiers de ce qu'il avait, et Charles le quart ; la
somme de leurs dépenses est* 32^f. *Trouver combien ils
avaient l'un et l'autre, et combien chacun a dépensé.*

La somme 32^f comprend $\frac{1}{3}$ de l'argent de Louis $+ \frac{1}{4}$ de celui de
Charles ; si on la multiplie par 3, on aura 96^f ; qui comprendront
$\frac{3}{3}$ de l'argent de Louis $+ \frac{3}{4}$ de celui de Charles. Par là,
on voit que ce qu'il manque à 96^f pour faire 108^f, c'est $\frac{1}{4}$ de
l'argent de Charles. Ce quart est donc $108 - 96 = 12^f$: donc
Charles *avait* $12.4 = 48^f$, et Louis $108 - 48 = 60^f$; donc Louis
a *dépensé* $\frac{60}{3} = 20^f$, et Charles $\frac{48}{4} = 12^f$.

XVII. *Un père, interrogé sur l'âge de son fils, répond :
« Mon âge est double de celui de mon fils ; et il y a* 20 *ans
qu'il en était le sextuple. » Trouver l'âge du fils et celui
du père.*

D'après cette réponse, si le fils a 30 ans, le père a 60 ans. Il y
a 20 ans, le père avait 40 ans, et le fils 10 ans. Or, *le sextuple*
de 10, ou 60, *surpasse* 40 de 20 : donc le fils n'a pas 30 ans,
ni le père 60.

Si le fils a 31 ans, le père en a 62. Il y a 20 ans, le père avait
42 ans, et le fils 11. Or, *le sextuple* de 11, ou 66, *surpasse* 42 de
24 : donc le fils n'a pas 31 ans, ni le père 62.

Nous ignorons encore quels sont les nombres demandés ; mais,
du moins, nous voyons la possibilité de les découvrir. En effet,
le nombre 30 ne nous a donné que 20 de trop, tandis que 31 nous
donne 24 : si donc nous prenions 29, nous n'aurions plus que 16
d'erreur ; 28 ne nous donnerait que 12 : etc. Ainsi, en diminuant
d'une unité l'âge supposé du fils, nous diminuons de 4 l'erreur
que nous trouvons ; donc, en diminuant 30 d'autant d'unités qu'il
y a de fois 4 dans l'erreur correspondante 20, cette erreur deviendra nulle, et nous aurons le nombre vrai. Donc,

Âge du fils..................... $30 - \frac{20}{4} = 25$ ans ;
Âge du père..................... $25.2 = 50$ ans.

TABLE DES MATIÈRES.

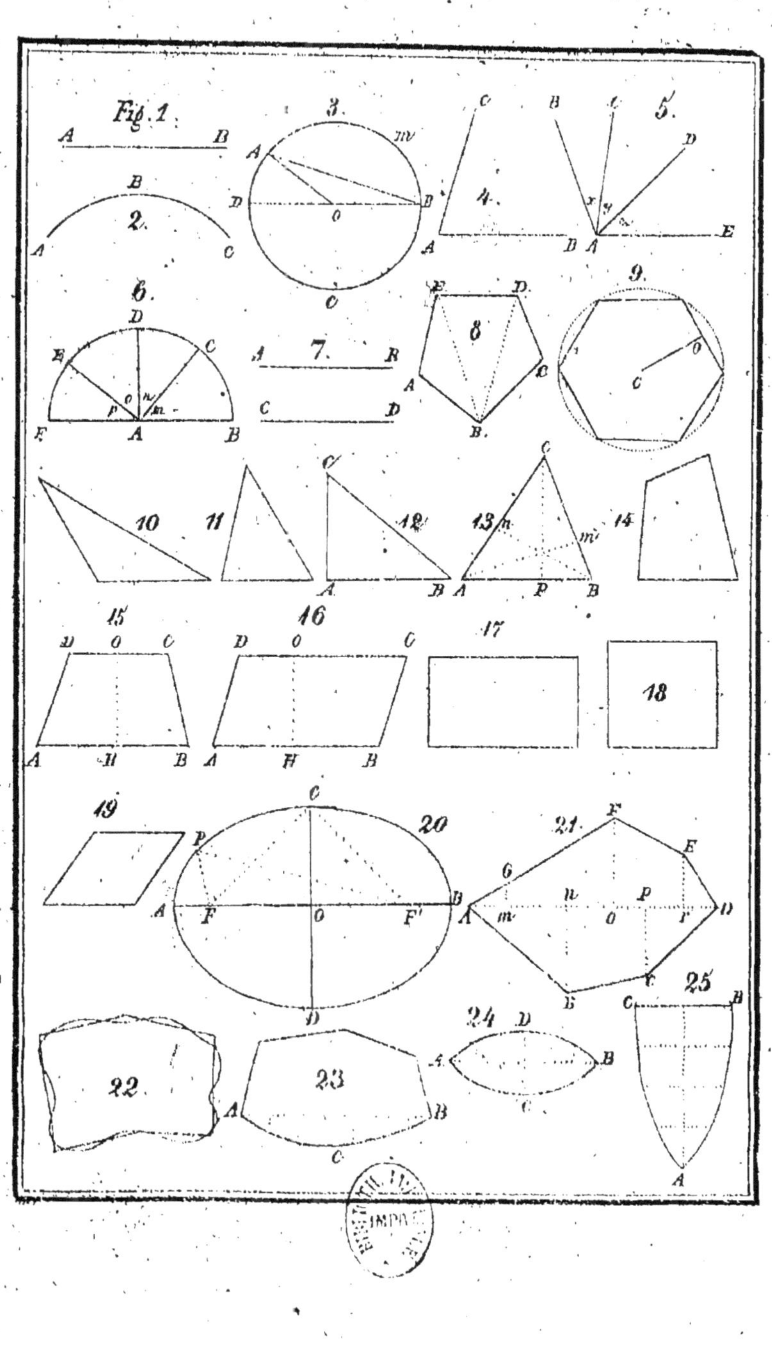

Fig. 1.
2.
3.
4.
5.
6.
7.
8.
9.
10
11
12
13
14
15
16
17
18
19
20
21
22
23
24
25

www.ingramcontent.com/pod-product-compliance
Ingram Content Group UK Ltd.
Pitfield, Milton Keynes, MK11 3LW, UK
UKHW022246120726
13694UKWH00003B/975